SOBRE POLÍTICA, RELIGIÃO E CULINÁRIA

Ricardo Cachoeira

I

NOTÍCIAS DE 2020 ANTES DA PANDEMIA

Introdução

A ideia de escrever este livro me veio bem no começo de 2020. Antes disso o pessoal de Woodstock, no ano que foram celebrados os 50 anos do evento, não notaram o livro anterior, PÔR DO SOL DA HUMANIDADE - EM BUSCA DA NOVA ERA. Na época realmente não estava pronto. PÔR DO SOL DA HUMANIDADE bem que poderia ter se chamado Pedro e o Lobo, o lado triste da História é que meu amigo Pedro Andrada, aquele que me motivou a começar a desenhar desapareceu das redes sociais. Mas não se preocupem, estou seguro agora de que está pronto o outro livro, levei uns 6 anos pensando que já havia escrito tudo o que precisava, porém sinto também que minhas ideias se esgotaram, ou demandariam a leitura de alguns livros inteiros pra quem sabe formarem um outro livro. Mas sendo realista, imagino que ninguém desde o Alcorão conseguiria fazer sucesso com um livro só. Então preferi que as boas notícias de 2020 me inspirassem quanto ao senso de humor e até sobre ideias que ficaram faltando no outro livro quem sabe. Uma última observação, não coloquei o texto original da notícia, e todas elas foram encontradas no google news.
Divirtam-se.
23 de agosto de 2022

Mais uma observação:

Caso se sinta escandalizado, manifeste-se, quem sabe assim a humanidade assim ressuscite o metabolismo de autopreservação. Mas não ousem proibir a circulação deste livro. Não confundam sátira com sadismo. Bom… é um livro cinza mas com discussões de suma

importância. Sou livre para me expressar.
29 de março de 2023.

Primeiro de janeiro de 2020

O ano começou broxante, nada de novo. Esqueceram de parabenizar os geração 2000 pelos 20 anos. O mundo será deles um dia, o que custava deixar uma homenagem a esses juvenis que apesar de ter um longo período pela frente pra aprender o que é necessário, muitos deles já sabem o básico, que os bebês não nascem do exercício da mão direita diante de uma tela que mostra filmes com roteiros repetitivos. (pelo menos se fossem filmes de paisagem turística) (ou carnificina, credo) mas não esses filmes geralmente são tutoriais.

As mídias focaram-se nesse dia pra dizer quais estabelecimentos estariam abertos no primeiro dia do ano. Pra mim não fez diferença porque só saio de casa pra fazer exame de sangue. Espero que aqueles que tiveram que sair de casa no primeiro dia do ano tenham encontrado o que precisavam, quanto aos que tiveram que trabalhar no primeiro dia do ano, relaxem, ano que vem tem mais.

Dois de janeiro de 2020.

Bovespa tem alta de 2% e estabelece um novo recorde no primeiro pregão do ano.

Começamos o livro encrencados, a notícia é boa mas não entendo nada de finanças, talvez seja um sinal para os investidores que eles podem ficar otimistas com os novos acordos entre EUA e China. Me pergunto quanto foi o aumento da economia Chinesa. Muitas pessoas que não sabem nada sobre a China atual e acreditam que as pessoas sejam oprimidas. Que nada, a China tem menos pobres que os Estados Unidos, o Brasil está anos luz atrás da

China, ou pelo menos dois mil e trezentos anos atrasado na História, porque Aristóteles já dizia que a democracia só pode funcionar em países em que as pessoas sejam inteligentes, caso contrário a discussão política desanda porque a população seria incapaz de interpretar as informações que recebem ou pior ainda, votariam baseadas nos próprios preconceitos morais. Mas essa crítica logo será uma lembrança remota do que foi a sociedade brasileira, não é mesmo geração 2000? Pra 2020 pelo menos a economia tá crescendo e isso é bom. A China descobriu a fórmula da meritocracia focada na igualdade de renda (não, não deve ser bem isso, acho na verdade que os membros do partido comunista são empresários bem sucedidos). Será que é imaginável ou desejável uma alternativa a uma economia em crescimento constante há anos? Quem quiser ver a notícia inteira clique nesse link (Trabalhadores do mundo, uní-vos!):

https://l.facebook.com/l.php?u=https%3A%2F%2Fg
1.globo.com%2Feconomia%2Fnoticia%2F2020%2F01%2
F02%2Fbovespa.ghtml%3Ffbclid%3DIwAR1aeMsqAbaJQ

ogNU08JIVGYHPgprPBDQ3gouhkAFs3dktKuQnb8SJJJSE&
h=AT31jAUVWoaYxqCRkrykOgyBZmzf3nF9uBiSBetz_Sub
XAT_rdTOY-wAhgt60il6sF0vV5_cCKuD5dBYP-
6EINpfE9L3B0An9kVbX6HW-g_pMw2KJazBo5MasaCpkQ

Três de janeiro de 2020

Aulas grátis para concursos!

Obviamente você vai ler essa notícia tarde demais. O mais estranho é que o site divulgou a quantidade de pessoas que assistiram ao curso, foram mais de doze mil vídeos e cento e doze milhões de pessoas assistiram. Metade da população brasileira, é isso mesmo que eu vi? As vezes a internet me faz pensar que estou tendo alucinações, por exemplo, as 2 fotos diferentes de Vênus (em uma delas o planeta é branco e talvez na falsa Vênus parece paradisíaco) e também o fato de o video do Slayer (Uma banda de heavy metal) ter 35 milhões de visualizações. Não me inscrevi no curso para concurso porque só funciono depois das 4 da tarde.

Quatro de janeiro de 2020

Estudantes de engenharia civil constroem casinhas para cachorros de rua, em Goiatuba

Os projetos são interessantes, poderiam fazer algo parecido em São Paulo, no parque villa lobos, a ideia seria evacuar as favelas pra construir por cima um conjunto habitacional enquanto os moradores de rua e da favela passam a morar em tendas de acampamento.

Sim, uma movimentação massiva para o parque Villa Lobos enquanto a favela é transformada em habitações melhores, e quando a construção terminar transferiríamos as pessoas de volta pra nova moradia e começaríamos as obras no Parque Villa Lobos.

Enfim, vocês devem ter estranhado eu ter falado primeiro sobre os humanos. Mas entre os 18 e os 24 anos fui vegetariano, era bem magro, mas me dei conta de que a lei da selva exige que aqueles que podem servir além do trabalho a própria carne, também não devo ter compaixão deles, foi por uma causa maior, um animal que não fala servindo de alimento para um ser racional. A psicologia dos cães é bem o inverso, mesmo não trabalhando nem falando eles nos obriga a trabalhar por eles. Me faz lembrar de uma tirinha do Wilson do Daniel Clowes mais ou menos assim: estava ele e uma mulher brincando com seus cachorros e ele diz: o que me incomoda é que tem gente que para você na rua pra brincar com seu cachorro enquanto tem um mendigo morrendo do outro lado da rua. Mas vejam só, os cães são as criaturas mais divertidas desse planeta, e continua acariciando-o. Na verdade o modo como os cães se rebelam contra os homens tem a ver com a falta de cuidado, quando os cães são deixados na rua. Estes são capazes de sobreviver mesmo com um único tufo de pelos e ossos quase expostos embaixo de uma pele bem magra. Podem ser considerados os verdadeiros zumbis da nova era. Já vi cenas fortes de cães mal tratados, se for para ter um seja responsável.

Espero não ter mais noticias de cachorro nesse livro.

Cinco de janeiro de 2020

Os "looks" que deram o que falar no tapete vermelho do Globo de Ouro 2020

Mal começa o ano e temos que nos deparar com mulheres ricas e exuberantes mostrando seus vestidos que elas pensam que são realmente atraentes. Quanto ao Globo de Ouro, Deus me livre de ficar com a bunda doendo de tanto ficar ouvindo as vezes piadas sem graça ou longas falas ideológica sobre o governo fazendo na maioria das vezes uma leitura leiga sendo que todos sabem que a política dos EUA é a mais difícil de operar no mundo. Por outro lado gostaria de ver as pessoas dos EUA recriando o hábito de leituras públicas. O brasileiro comum não liga pra moda e combinação de cores que estão vestindo, e se vestem aleatoriamente, mas não como eu que cheguei a usar cueca samba canção como bandana.

Seis de janeiro, 2020

Em Divinópolis, tradicional missa da Folia de Reis relembra visita dos Reis Magos

Me pergunto se os reis Umfurubum, Doisberto e Trestetas levaram ouro, incenso e mirra para o povo de Divinópolis, quem ia precisar de papai noel? Não precisamos, sabemos que ele não existe. Haviam pessoas iguais os membros da Ku Klux Klan só que com capa colorida. Mas não, não vejo isso como desrespeito foi só um detalhe impensado. Por outro lado um senhor deu sinal de cosmopolitismo da festa. Pareceu a mim um dos raros momentos de humilde cortesia. Na verdade esse tipo de tradição é capaz de criar um senso de comunidade por todo o Brasil. Em minha cidade ocorre a festa da colheita do milho, que não se parece em nada com aquelas mostradas no livro O Ramo de Ouro (The Golden Bough, não tem tradução pro Português). Aliás imagino que não haja por este lado do mundo a celebração em que as pessoas comem a carne de um animal selvagem (no caso do Ramo de Ouro fala-se do urso) e enviam os restos mortais montanha acima, imagino que no Brasil poderia se fazer isso com a onça mas não sou a favor dos maus tratos aos animais.

Sete de Janeiro de 2020

Publicada na revista científica Nature a descoberta por astrônomos da onda de Radcliffe, a maior estrutura gasosa da Via Láctea.

Primeiro houve a surpresa na revisão por ter pulado o dia 7. Até entendo um pouco de astronomia, em certos casos até melhor que os astrônomos, a respeito de Tabby's star e estrelas duplas, quanto ao gás, provavelmente alguém em outra dimensão está sentindo o cheiro.

Oito de janeiro de 2020

Secretaria de Saúde de Uberlândia anuncia novidades na cidade

Quando eu era criança costumava me entediar ao ver o que jogadores de futebol diziam em entrevista sobre a estratégia do jogo ou o resultado. Mas achei uma notícia que parece mais previsível do que entrevistas de jogadores de futebol, enfim, é dito apenas coisas triviais, sobre que área de saúde será melhorada, não fala sobre os gastos mas espero mesmo que Uberlândia ofereça um sistema público de saúde exemplar. Basicamente a notícia diz que haverá um terceiro turno no hospital municipal. E quanto aos jogadores de futebol… acho que as entrevistas os ajudam quanto a auto estima.

Oito de janeiro de 2020 (de novo)

Mega Sena: veja os números sorteados nesta quarta-feira, oito de janeiro

Uma coisa é certa, ninguém quer ser reconhecido por ganhar na mega sena, mas desta vez o valor do prêmio era relativamente baixo. Se eu ganhasse um pouco mais que isso eu compraria uma fazenda entre São Paulo e Minas e faria um galpão para os jovens interagirem, qu serviria de palco também talvez instalasse uma roda gigante do outro lado da fazenda. Não entendo como as pessoas conseguem dar tanto valor a um carro, viajar pelo mundo, uma casa de luxo. Acho que é no livro Na natureza selvagem que o personagem lê um trecho de outro livro que diz que a felicidade só pode ser verdadeira quando compartilhada.

Estes foram os números: treze, quatorze, vinte e nove, trinta, quarenta e oito, cinquenta e nove.

Estranhamente esses números não significam nada pra mim. Uma vez dei a sugestão pra um amigo da faculdade apostar na mega sena, eu nunca mais o vi ou ouvi falar dele na vida.

Nove de janeiro de 2020

Porto Iracema das Artes abre inscrições para oficina de escrita ensaística com escritor Joca Reiners Terron

Queria poder auxiliar aqueles que ainda não perceberam que a construção de algo novo está se esgotando, estamos numa era de síntese. Se você se sente meio que forçado a continuar escrevendo, como se fosse obrigação é bem provável que não obtenha resultado, porém este livro pretende ser a prova contrária disso. Já temos muitos livros já escritos. Só escrevam se for importante. A sociedade precisa de bons instrutores sobre o que merece ser lido mais do que de escritores e também pessoas interessadas em diagramação. Boa sorte.

Dez de janeiro de 2020

Novas ruas são abertas em diversas regiões para interligar bairros em Uberaba

Mais uma notícia trivial, foi fácil encontrar, mas quero reforçar que talvez não seja só eu quem não sabe escolher representantes para a própria cidade, para o cargo de prefeito, vereador, aliás sabemos mesmo os problemas que devem ser resolvidos e quem se propõe a resolver? Se montassem uma sala com atendentes de telemarketing talvez eles seriam capazes, num numero de 1 por bairro, levar adiante o progresso da cidade apenas ouvindo, compartilhando e buscando fornecedores do serviço de cada ligação de um cidadão qualquer. Para muitos o conhecimento da possibilidade de trapaça próprio do ser humano... deixa pra lá.

Onze de janeiro de 2020

Bolsonaro em Curitiba.

Está praticamente confirmada a data de 1 de fevereiro para a viagem a Curitiba do presidente Jair Bolsonaro seguindo calendário que o fará visitar pelo menos vinte e uma capitais e grandes cidades brasileiras em busca de assinaturas para a criação do Aliança pelo Brasil. Seu engajamento pessoal visa garantir as 492 mil assinaturas exigidas pela legislação necessárias para a oficialização de novos partidos, e conseguir do TSE (Tribunal Superior Eleitoral) o reconhecimento da legenda antes de abril para poder participar das eleições de outubro. Me desculpem, esse livro era pra ser uma fonte inesgotável de notícias boas, mas acho que essa é mais uma pá de areia sobre a reputação de Bolsonaro. Quando ele falou que a culpa do desmatamento era do Leonardo Di Caprio, me veio uma suspeita de que ele quer fazer a imprensa de trouxa, mas essa última notícia confirma que ele é louco de verdade. Se os outros países do mundo reconhecerem isso pelo menos... Quanto a empreitada, acredito que as pessoas viram muito pouco desse presidente pra apoiá-lo em algo do tipo. As coisas podem virar bruscamente nesse momento de síntese, quanto mais ele fizer o povo de trocha encobrindo a verdade, por exemplo o fato de que ele é um analfabeto considerando o que ele disse sobre os livros... enfim, igualdade é o caminho. Alias, a ideia desse livro é também falar sobre uma empreitada que meus camaradas farão a woodstock em seus 51 anos, uma boa ideia, e pra resolver como será lançado meu livro anterior a esse, por coincidência a reunião será dia 1 de fevereiro. alias pretendo terminar esse livro com textos dos meus amigos descrevendo os 51 anos de woodstock. (ideia de louco). Mais uma coisa: Na maioria das vezes que vou votar, voto nulo, porque eu sei que no fim quem ganha as eleições será sempre um brasileiro (Na verdade estou dizendo isso porque agora, em 2022, o presidente foi para a Rússia pra visitar o túmulo de lideres comunistas. Um baita balde de água gelada para o Putin, e na Rússia a água deve ser gelada mesmo. última observação: Isso não evitou a guerra.

Doze de janeiro de 2020

Pitombeira faz primeiro ensaio de 2020 e tema vai contemplar cultura nordestina

O brasileiro é um povo atrasado no sentido que não há muito problema em chegar 15 minutos atrasado, para festas então costuma-se chegar na hora que bem entender. Por outro lado temos o costume de adiantar demais o tempo das coisas, o panetone por exemplo costuma ser encontrado nas prateleiras de supermercados já por volta de outubro. as festas de carnaval pra mim parecem todas iguais. Pitombeira é um nome simpático, mas ainda estamos em janeiro. Enfim, não sei se captei uma imagem distorcida do povo brasileiro nos anos passados, mas o New york times ultimamente só tem tragédia e os EUA parecem ter se tornado um país sombrio. Talvez eu tenha uma visão errada dos Norte Americanos também. (muito tempo depois vim a descobrir a música Nós somos o povo (We are the people) do Iggy Pop, e me pareceu que eu me sentiria em casa nos Estados Unidos.) De volta ao Brasil E pior ainda, somos nós os cachaceiros, como costuma-se dizer entre os pitombeiros: "a turma da pitombeira na cachaça é a maior"

Treze de janeiro de 2020

Astrônomos localizam um sistema planetário com estrela dupla

Donald Trump conversando com um representante da Nasa.

Trump: É possível que alienígenas desta estrela dupla ataquem a gente?
Dr luneta: claro que não.
Trump: se eu não for eleito vamos criar uma nave espacial para ir até lá para governá-los.
Dr luneta: mas senhor presidente, a dupla estrela se encontra muito longe, talvez uma viagem até lá leve milhares de anos.
Trump: ora ora ora, de qualquer jeito eu me pergunto: por que eles podem ter duas estrelas juntas e a América só ter o sol?
Dr luneta: é porque os EUA ainda não explodiram Urano com Bombas atômicas (quem sabe Júpiter).
Trump: O.k., então leve a mensagem para a Rússia.

Quatorze de janeiro de 2020

Brasil terá 1ª usina de geração de energia por meio de esgoto e lixo orgânico.

 O Brasil me dá orgulho as vezes. Outras vezes me causa preocupação, como quando o presidente em resposta a questão da distribuição do esgoto, ele disse que deveríamos defecar dia sim dia não. Mas vejam! Como foi rápida a solução, só espero não chegar ao ponto de o presidente nos obrigar a defecar duas vezes por dia só pra manter em funcionamento o gerador.

Quinze de janeiro de 2020

Mulher filma macarrão instantâneo que congelou em frio de -32 graus Celsius no Canadá

 Poxa moça todo mundo sabe que o Canadá é frio, precisava mesmo ter feito o teste, o que você vai fazer agora com o macarrão? Ele tem culpa? Pelo menos no Brasil ninguém precisou colocar um sorvete no congelador pra provar que com o calor o sorvete não congela. Detalhe da notícia: o macarrão congelou em 15 minutos. (Coincidência?)

Dezesseis de janeiro de 2020

Em entrevista ao programa, presidenta da Fenaj comenta relatório sobre violência contra jornalistas em 2019.

Não vou transcrever o texto. Essa notícia só reforça minha ideia de que os jornalistas devem andar armados, o problema é que o próprio presidente pode estar estar por trás dos ataques. Sim, no Brasil esse tipo de questionamento é bem pertinente.

Dezessete de janeiro de 2020

Coleta de pneus.

O Setor de Controle de Endemias de Quatro Pontes fará uma ação para incentivar o descarte correto de pneus como uma maneira de coibir os focos do mosquito Aedes aegypti (o mosquito que me nocauteou), vetor da dengue e outras doenças. (…)
Poxa vida, em pleno século XXI as pessoas ainda insistem em ter pneus como animais de estimação. (no espaço dos estudantes da usp nós também tínhamos um)

Dezoito de janeiro de 2020

Goias - Professor dá dicas de como se preparar para a prática... da atividade física

No video o instrutor dá dicas a respeito do tênis e da alimentação para se fazer uma boa caminhada. Li no livro do destino, o livro no qual Napoleão se inspirou, que uma boa caminhada pela manhã é o melhor exercício. Não sei se há espaço pra todos fazerem um trabalho de limpeza e decoração, isso fortalece bastante. Sou adepto do senhor Miagui para aprender karatê e ficar forte: esfrega o chão! Lixa o assoalho, as academias deveriam servir somente para deficientes físicos. Fico com pena de ver pessoas andando em esteira em academias, o mundo é grande e você tem todas as direções pra explorar. A não ser se a pessoa estiver procurando ser notada por alguém do sexo oposto.

Nesse dia em mil novecentos e noventa e sete me mudei pra Lobo Guará. Mais de vinte anos depois digo com orgulho que alguns quarteirões relativamente próximo ao centro, no caminho para casa, era tudo mato.

Dezenove de janeiro de 2020

Papa: somos pecadores, mas não escravos do mal

Isso é uma dica importante para pessoas que nunca encontraram um bom motivo pra viver e acha que tem que ser desordenado, cínico, ressentido. Vocês que sempre acharam que ser uma pessoa boa é cafona. Bom, essas pessoas que você acha cafona estão doando o próprio tempo pra resolver seus problemas para que você sempre faça a coisa menos óbvia, é você quem perde se não seguir os passos da serenidade e esforço pelo bem do próximo, falo isso por experiência própria, por um tempo achei que eu era Satanás em pessoa e era sempre tentado a fazer algo absurdo, inclusive deletar meu outro livro. (PÔR DO SOL DA HUMANIDADE) Mas não, o mundo não é só lama. Ja li que a primeira teoria sobre a loucura tratava os doentes como se tivessem o diabo no corpo, como tirar ele de lá? faça-o acreditar que mesmo um homem com síndrome de locked in pode preferir estar vivo. Presentes caros também são capazes de convencer os que vivem no reino do medo que existe uma saída deste. Digo, cada um recebe a carga que suporta, muitas pessoas são capazes de afirmar a vida mesmo na pior das desgraças. Enfim, agora vou ler a notícia do papa.

20 de janeiro de 2020

Trinta e sete graus Celsius é coisa do passado: a temperatura corporal média dos humanos está caindo.

E quando a caminhada humana pela terra atingiu 2/3 do seu potencial, Deus disse: Que os homens tenham o sangue zero ponto cinco graus mais frio. E um entre os homens ousou subir ao monte Sião para perguntar: Senhor e de que maneira isso nos afetará E nuvens escuras se formaram e uma rajada de trovões retumbantes deixou todos os homens apreensivos. E Deus disse: eu sei que tipo de resposta você esperava, obviamente não fui eu quem causou essa diminuição, foi a maior concentração de monóxido de carbono na atmosfera, talvez você esperasse que uma revista como a super interessante dissesse sobre a sensação térmica e o tempo de sono. Puxa, disse o homem, o Senhor acertou em cheio o ponto da minha dúvida, mas diante de todos que não compreende a totalidade da responsabilidade estou pronto para rasgar minhas vestes. E Deus confessou ao homem: não há nenhum motivo para isso, também não sou perfeito. E o homem desceu do monte Sião como se parte da sua culpa diante de Deus estivesse perdoada. E ele circulou entre os homens que perguntaram do que se tratava a mensagem que ele recebera de Deus. E o homem disse: Tudo o que fizemos até agora intoxicou este planeta e de pouco em pouco a vida na terra há de se tornar escombros, não somente por causa da terra, mas porque o que cada um demanda para a própria sobrevivência é como uma facada que damos na terra, mas a terra é imensa. E os homens em volta disseram: oremos por cada ferida que causamos ao mundo pelo nosso próprio bem estar.

Vinte e um de janeiro de 1535

Em consequência do "caso dos cartazes", protestantes franceses são queimados na fogueira em frente à Catedral de Notre-Dame de Paris. (Hoje decidi fazer uma regressão ao passado)

Quando retomei o texto notei no site da wikipedia que não aconteceu absolutamente nada em 21 de janeiro de 2020, mas dia 20… — Na China, novo corona vírus infecta mais de dez mil pessoas, matando mais de 200. Era pra eu terminar o livro aqui, em outro momento me deparei com a notícia, na verdade o vírus já era esperado, e agora em 2022, espero que não regridamos à 1535 quando acabar a guerra. Era para o livro encerrar aqui, porém decidi continuar até o dia do aniversário do Brasil, vinte e dois de abril.

Pois é a Igreja que quase desmoronou ano passado já foi cenário de calamidades intoleráveis por parte de qualquer ser humano,enfim, pode ser que as publicações fiquem mais interessante, notícias boas também esgotam a criatividade para torná-las engraçadas. Me faz notar que a igreja sonolenta já teve um momento de vitalidade pra promover coisas muito maiores do que aquilo que ela faz hoje. Nos dias de hoje a igreja pretende com uma orientação pacífica convencer as pessoas a terem uma vida suave e organizada, como se o modelo do homem comum perfeito tivesse tomado o lugar de Jesus dentro de sua própria igreja. Parece interessante mas não faço ideia do que se passa na Igreja católica.

Vinte e dois de Janeiro de 2020

Morreu hoje o Bispo, Poeta McTeagle, o homem mais engraçado do mundo. Terry Jones, espero que tenha se divertido o suficiente. Pelo menos teve outra notícia engraçada (a morte de Terry Jones não foi engraçada): Prefeito morre e é o primeiro a ocupar área nova de cemitério construída na gestão dele. (a piada poderia ter sido: o homem foi ganancioso até em relação a própria morte, mas não sei se era o caso dele) Isso aconteceu em Bonito de Minas.

Vinte e três de janeiro de 2020

Comediante que fez piada sobre Jesus deixa a Rússia após polícia iniciar investigação

Já falava Zaratustra: se o negócio já tá pra baixo, empurre mais ainda, mas eu não gostaria de empurrar com piadas, mas não tenho escolha. Não sei que tipo de piada ofensiva este homem fez, o filme que fizeram sobre Jesus Homossexual (no Brasil) é o tipo que jamais chamaria minha atenção para assistir, parece algo mesquinho. A vida de Brian do Monty Python é bobo e surrealista demais pra ser considerado uma ofensa ao cristianismo. Mas o mais interessante é que Sais Sem o casaco messias é um palíndromo, se você ler ao contrário é a mesma coisa, imagino Maria, como mãe zelosa falando pra Jesus levar o casaquinho quando ele saia da maloca.

Vinte e quatro de janeiro de 2020

Frase do dia: Quando você não consegue dormir é porque alguém está sonhando com você.

Não dá pra provar isso, mas tem vezes que imagino que quando Deus está triste com alguém em algum lugar começa a chover. Enfim, normalmente o remédio pra dormir atrasa o efeito e costumo ter insonia pelo menos três vezes por mês. Se essa ideia estiver correta, a Fe B ta ferrada. cheguei a sonhar com ela dia sim dia não. Ela foi a pessoa por quem eu mais me lamentei por ter decepcionado (além de Zé, meu pai). Alias, coitada da píton do bosque também. Desculpa, Não vi essa mensagem justamente hoje, mas precisava dar um jeito de não deixar repetitivo as notícias. Pra tornar repetitivo, hoje eu assisti um video da Tays, essa mulher brilha muito na Leandro de Itaquera.

Vinte e cinco de janeiro de 2020

Mundo está mais perto do que nunca do fim, indica Relógio do Apocalipse

Puxa, achei que as pessoas tinham se esquecido dessa baboseira, enfim, dizem que estamos a cem segundos do Apocalipse, o que eu tenho a dizer é que o Apocalipse já passou, já surgiu uma obra capaz de convencer as pessoas que elas poderão viver tranquila pelos próximos mil anos e eu me pergunto quando essas pessoas aprenderão que há processos que são reversíveis a partir de uma ideologia. Sinceramente, espero que ninguém cometa suicídio por saber dessa notícia do relógio do apocalipse. O relógio tem apenas um valor simbólico, apenas para nos alertar que devemos mudar nossa atitude.

Vinte e seis de janeiro de 2020

Tubarões que andam são o novo ramo da árvore genealógica da família dos tubarões

Tenho quase certeza que, se a vida não dá saltos em massa em determinada época a cada mil anos, pelo menos agora podemos presenciar que as formas de vida estão se modificando em massa enquanto outras espécies morrem. Veados se tornaram noturnos, moscas da banana nos pães, baratas quase impossível de serem caçadas. Até me pergunto se a caixa de sucrilhos contem uma profecia: de que os tigres se tornarão jogadores de basquete do futuro.

Vinte e sete de janeiro de 2020

Ana Maria Braga revela câncer no pulmão: "Vou sair dessa."

Sempre achei que fosse no c*. O Rogério Skylab diz isso naquela música: "Qual a semelhança entre eu, Ana Maria Braga e Mario Covas." Mas na verdade eu prefiro aquela outra música sobre a Fátima Bernardes (outra apresentadora de televisão) Mas talvez eu não viesse a gostar se fosse ela. Não há o que dizer, em vez disso vou sugerir três músicos brasileiros e uma poeta que o mundo deveria conhecer: Rogério Skylab, Raul Seixas, Renato Russo e a poetiza Cecília Meireles.

Será que o câncer se espalhou? Melhor não fazer piada sobre isso. Aninha, seja no c* ou no pulmão estaremos torcendo por você, mas por favor, pare de fumar.

Vinte e oito de janeiro de 2020

Só Cuba atinge objetivos globais de educação na América Latina, diz Unesco...

E as pessoas ainda dizem que o socialismo não dá certo. Pra quem não leu Marx, talvez não tenha se dado conta de que o capitalismo só se expande enquanto houver algo exterior ao capitalismo para ser colonizado. Agora que não tem mais... estamos provavelmente vivenciando a crise final do capitalismo, também discutida por Marx mas não lembro o que ele dizia sobre isso, talvez a melhor opção seja estatizar a economia aos poucos. E pra piorar o Brasil ainda precisa superar a mentalidade feudal. (Isso é a opiniões de muitos na verdade).

Vinte e nove de janeiro de 2020

Janeiro de 2020 já é o mês mais chuvoso da história de BH (Belo Horizonte. José nasceu em Minas, terra do Sepultura também)

Em São Paulo choveu bastante também. O

mês pareceu mais frio também. Só espero que não chova na minha festinha dia um. Sem piadas hoje, todo ano é a mesma coisa nessa época, casas desmoronando morro abaixo, morros desmoronando em cima das casas, inundações... bem na época do meu aniversário, quando eu estava na escola costumava cair no ultimo dia de férias ou no primeiro dia de aula. E a época de inferno astral começava bem no primeiro dia do ano, geralmente eu sou internado por ansiedade nessa época mas esse ano eu não pretendo, está tudo sob controle. Por que estou tremendo ao digitar? Senso de importância da missão. Talvez café também.

Trinta de Janeiro de 2020

Como de costume, no meu aniversário, já mandei as mensagens padrão para minha amiga Jullyana (ela é minha amiga desde os quatorze anos na cidade onde moro, e eramos de cursos vizinhos na USP, e a gente sempre fazia umas gororoba com filme juntos, eu, ela e o namorado dela) E o Ricardo Borges, ele entrou no mesmo ano que eu na faculdade, sujeito engraçado, acho que se envolveu com politica participativa. Enfim, como de costume disse a eles: hoje é meu aniversário, então parabéns pra você.

Meu horóscopo disse: Enquanto os olhos da alma (eu não sabia que minha alma tinha um olho) ficam concentrados em objetivos que não se encontram disponíveis de imediato, no ritmo cotidiano acontecem coisas substanciais que seriam mais valiosas do que os grandes objetivos. É por aí.

Trinta e um de janeiro de 2020

Primeiro eu tinha colocado o resumo da novela, daí recentemente o Nicollas me fez lembrar de um texto que eu já havia visto, obrigado Nicollas.

Eu forcei um bot a assistir mais de 1000 horas de novelas da globo e depois pedi que ele escrevesse uma novela. Eis a primeira página:
Int. Motel -(DIA)
Um travesti honrado e cheio de sonhos, PAULINHA TITITI, está chorando na cama, TONINHO CARRARA, um self-made motoboy, alisa o cabelo com um canivete. Não sabemos por quê.

PAULINHA
Você não pode me deixar, TONINHO.
Pense na minha honra e nos meus sonhos.

TONINHO
Formiga de salto alto não sobe parede, PAULINHA.

TONINHO usa todas as drogas, mas de um jeito fotogênico. Ele começa a improvisar um rap. Não sabemos por quê.

PAULINHA
Mas eu estou grávida.

TONINHO
Impossível!

PAULINHA
Nada é impossível no amor!

TONINHO
Mas eu fiz vasectomia.

A cama começa a girar, revelando o NÚCLEO RICO
DA NOVELA atrás da cabeceira.

ORESTES BEBILÁCQUA aparece fumando um Martini.
Ele é rico e está vestido em um smoking feito
de Martinis.
PAULINHO CARRARA sai de moto dando um grau.
Não sabemos por quê.
ORESTES
Pobre é assim mesmo.

Primeiro de fevereiro de 2020

Desemprego cai a onze por cento, menor taxa em
três anos.

Apesar de termos um presidente que se diz
analfabeto a economia parece ir bem. Se bem
que as regras mudaram depois da crise final do
capitalismo. Já ouvi dizer que o presidente
pretende tornar o Brasil numa espécie de tigre
asiático, barateando a mão de obra para atrair
investimentos.

Dois de fevereiro de 2020

Corinthians ganha de dois a zero contra o
Santos.

Recentemente escrevi uma paródia do hino do
São Paulo. Vejam se ficou bom.

Salve o time do Corinthians
o melhor clube brasileiro

2x
o São Paulo só tem Bambi
o Palmeiras putanheiro

Salve o Timão
dos homens sarados
quem é do contra
é retardado!

Tem também aquela inspirada em egyptian gardens do Kaleidoscope que só o Ruben Gosta:

Kashingerenha o timão joga mu UuU UuU UuUito Aiaiaio

Kashingerenha, o São Paulo joga pouqui IiIiIiInho

Três de fevereiro de 2020

Preço do tomate dispara em Manaus: R$ 9,00 o quilo

Estava Jacó jantando com seus filhos quando Lia fez a seguinte pergunta: Se a concepção de Issacar foi feita pelo pagamento de dois tomates, (eu paguei a Raquel), quanto custaria Issacar numa sociedade em que o quilo do tomate custa 9 reais?
Dã respondeu: se cada tomate tem duzentos e cinquenta gramas, por que não vendemos só metade de Issacar por dois reais e vinte e cinco centavos?
Issacar, o filho agricultor de Jacó respondeu a Dã: E quanto você acha que lucraria com isso? Dã, você não vale nada mesmo.
Nephtali respondeu: Seria bem mais barato do que o valor que ganhamos pela venda de José aos Ismaelitas.

Jacó assustado retrucou: O que disse? E 4 mil anos depois Dã respondeu: calma pai Jacó isso é só uma realidade alternativa que se dissipou. E Olhando para o passado Deus refletiu bem e disse a si mesmo: Não, aconteça o que acontecer Lia nunca vai lançar a questão do preço de Issacar em nenhum jantar da família.

4 de fevereiro de 2020

A notícia não é de hoje mas estamos passando por transtornos causados por um vírus, só porque eu falei que a China ia bem, mas eles ainda estão demonstrando força pra construir um grande hospital e o número de mortes náo passou de mil ainda, e os EUA já inventaram uma vacina. (Foi isso mesmo que eu vi?) Pra dar ânimo aos chineses vou citar uma piada do Ari Toledo. Como se diz hemorroida em Mandarim? Kun Shai Shang.
Agora sim, uma notícia de hoje, da capa da gazeta de Lobo Guara (por que não pensei nisso antes? Resposta: Óbvio, as notícias são sempre ruins):
Murilo Rangel (desconheço, mas se marcou 2 gols deve ser bom) marca duas vezes e o time da cidade vence o time de outra cidade. O triste da notícia é que talvez vivamos em tempos tão cansativos e carregado de informação inútil que os jornalistas se tornaram incapazes de dizer se o time está na primeira ou segunda divisão do campeonato.

caramba, hoje é meu dia de sorte, encontrei o tipo de quadrinhos engraçado somente pra quem sofre de alienação voluntária e espera desesperadamente pelo dia em que alguém irá postar um video de duas comadres tendo a conversa mais trivial possível ao telefone. Opa, se bem me lembro acho que o Ratimbum da TV cultura já fez isso, mas era uma criança telefonando.

Cinco de fevereiro de 2020

Avião sai da pista em aeroporto de Istambul e se parte em três

Um homem precisou se partir em três, digo se martirizar, (Doce esquizofrenia, na verdade foi só falta de atenção, não lembro se houve apenas uma vítima) para desenvolvermos uma ideia do numero três, já que o avião se partiu em três. em nome do pai, do filho e espírito santo, tenhamos todos casa, comida e roupa lavada, durante pelo menos três dias da nossa vida. a Terra é o terceiro planeta do sistema solar, três mosqueteiros, Três porquinhos, Três patetas, três reis magos, três Marias, três dimensões do espaço, passado, presente e futuro, tese, antítese e síntese são as fases da dialética, poderes executivo, legislativo e judiciário (infelizmente sem poder moderador por aqui). Três estigmas de Palmer Eldritch, Três tigres tristes. a terceira tentativa pra mim é o sinônimo de confirmação e persistência. Espero que não aconteça uma terceira guerra mundial. Tenho fé no meu terceiro livro. Não sei por que o apocalipse fala tanto do sete, mesmo que o Monty python tenha sido os sete cavaleiros do apocalipse (incluindo a Carol Cleveland) Dã era o sétimo filho de Jacó, Levi, o sacerdote, o terceiro. O número da besta é 666 porque a humanidade viveria seu último terço de vida sob o domínio de um imbecil, mas diz também o Apocalipse sobre uma besta que era e já não é mais. A primeira era da humanidade durou quatro mil anos, a segunda, dois mil a terceira há de durar mil anos. dois tempos, tempo e metade de um tempo. O livro de Enoque também dizia que a humanidade viveria sete mil anos. Mas para os brasileiros é o cinco que tem um valor especial. Desculpa, lamento pelos mortos no avião.

Seis de fevereiro de 2020

Essa veio direto da página o Brasil que deu certo, a criatividade do brasileiro me surpreende. A imagem do carro (caminhonete) é do que estou falando. Na época encontrei um site só de notícias boas, não lembro de ver nada impactante, notícias boas não são impactantes mesmo, talvez seja a regra. Já pensou se os jornais de adulto comentassem os namoricos de todo mundo igual o jornal da escola?

Sete de Fevereiro de 2020.

Resistência dos índios Guarani no Pico do Jaraguá contra construção de prédios na área

Não só por causa dos índios, mas São Paulo ficaria saturada com mais gente. E os índios… Não é certo dizimá-los. Podemos aprender muito com eles. Estou me sentindo estranho. Acho que minhas esperanças acabaram e continuo escrevendo esse livro só por inércia. Acho que estou apaixonado. (Doce esquizofrenia.)

8 de fevereiro de 2020

Bicicletas de carga para catadores evitam crueldade com cavalos

Descobri um site só de notícias boas, mas prometo que vou me esforçar pra não selecionar notícias de lá. A primeira notícia não me pareceu 100%. Fico imaginando a crueldade do salário que essas pessoas recebem e a crueldade que deve ser a cãibra nas pernas deles. Pelo menos os cavalos estão seguros.

Nove de fevereiro de 2020

E o Oscar de melhor curta metragem vai para… Ricardo Japonôs, não tem título mas foi feito na época da faculdade, vejam o roteiro:

Homem bolando um cigarro numa sala (a maldição indígena contra os ocidentais). Ao terminar, ele coloca um DVD na bandeja do aparelho. Na TV aparece uma chaminé de uma usina nuclear. Nuvens. Balões (não do tipo infantil, mas aqueles em que viajamos dentro). Edredom com desenho de balões. Uma cama na beira de uma piscina. Sujeito pescando na piscina. Uma mulher acorda e se senta na cama. Alguém lhe entrega uma revista na cama. Homem sentado na privada folheando uma revista. O que ele vê na revista: um rolo de papel higiênico. Vira a página: um papel higiênico sujo de fezes. Vira a página: uma lata de lixo. Mulher joga a revista no lixo e se dirige a um carro. Descarga em redemoinho. Uma xícara de café sendo misturado em redemoinho. boneco pescando na xícara de café ao lado de um carro de brinquedo. O sujeito coloca mais açúcar. Sujeito colocando pasta de dente numa escova.

Sujeito tomando café. Sujeito escovando os dentes. Sujeito lavando a xícara. Ao terminar, guarda a escova no espelho. Sujeito guardando a xícara. Fecha a porta. Chave girando na fechadura. Chave ligando o carro. Velocímetro. Ponteiros do relógio. O homem está dormindo. Mulher bocejando. Foco na boca aberta. Carro saindo de um túnel. Uma seta de sinalização de trânsito. Setas no chão de um estacionamento. Seta do botão de chamar o elevador. A mulher aperta o botão. Ao entrar no elevador, ela disca um número no botão dos andares. Satélites com trilha sonora psicodélica. O telefone toca numa sala. O homem acorda, atende o telefone e conversa com a mulher do elevador. A mulher do elevador pede que o homem ligue a tv. Ele aperta o interruptor de luz. A TV acende. Na TV, a mulher do elevador aparece acendendo um isqueiro. O homem na frente da TV encosta o cigarro na tv. O cigarro acende. Foco na fumaça. Ao soprar a fumaça na TV, muda-se a cena da TV para uma imagem com nuvens. Nuvens. Chaminé de uma usina nuclear com a fumaça entrando. Primeira cena invertida com os créditos finais.

O Documentário sobre a bagunça política no Brasil democrático dos últimos anos (Democracia em Vertigem, não ganhou o Oscar, mas não tem problema, ele pode servir de material didático que facilitará a vida de muitos professores de História do ensino médio nos próximos anos. Aliás hoje o Corinthians perdeu por 1 a 0 pra o time da minha cidade, cheguei a ver um pedaço sem saber pra quem torcer. Acho que se na próxima Copa o Brasil for pras finais contra os EUA eu ficaria com a mesma dúvida. Convenhamos, os EUA tem a melhor cultura pop do mundo depois do Brasil e da

Inglaterra.

Dez de fevereiro de 2020

E você? Já crucificou o seu Jesus hoje? Imagem do humans of late capitalism (humanos do capitalismo tardio), adoro essa pagina. Achei a imagem ofensiva na verdade, então não a incluirei nos anexos.

Onze de fevereiro de 2020

Grocery Store music, 1975 Sounds for the supermarket

Puxa vida, a moça que me apresentou isso ficou meio assustada comigo, mas ela me mostrava umas coisas boas, tipo esse disco de música de supermercado. Sofia, eu sinto muito de verdade. Te considero uma baita desenhista também. Mas minhas novidades não são muito otimistas mesmo. Pelo menos se você tivesse dito alguma coisa que eu pudesse mudar em mim mesmo não teria sido tão doloroso. Se você acha que é melhor desse jeito, espero não estar fazendo falta na sua vida. Sucesso. Boa sorte.

Doze de fevereiro de 2020

Me deixem em paz por hoje. Tenho um pouco mais de trabalho pra fazer hoje. O Nicollas é um cara legal. Começou a escrever um livro sobre um terrorista numa escola, enfim, ainda bem que é no Brasil onde as pessoas não podem andar armadas. Espero que ele termine no tempo certo. Mesmo se não terminar eu gostaria de falar sobre o Nicollas. Ele é um sujeito nada ressentido com o fato de ser só uma pessoa comum. Mesmo que recentemente ele tenha se formado em administração públicas. Ele é bastante descontraído e no aniversário de todos os amigos, houve um tempo, ele fazia mensagens de celular do tipo que as pessoas pagam pra homenagear outras, e na festa de aniversário sempre tinha o momento em que parava tudo só pra ouvir a mensagem com a musica do Richard Clayderman ao fundo. Ele também é um especialista em drinques e pretendo enviá-lo pra woodstock esse ano, que vai ser do Brasil em Woodstock. Enfim, Nicollas acaba de ganhar um capítulo no livro Um Abençoado Manesinho (antes de Pôr do Sol da Humanidade eu pretendia que esse fosse o nome do outro livro, mas além de ser o nome do primeiro capítulo, já existem outros livros com esse nome), e modéstia a parte eu aposto que vai ser o capítulo favorito de quem ler o livro. Era o estado de consciência que tava faltando. Como é bom estar próximo de pessoas virtuosas.

Treze de fevereiro de 2020

Botão do pânico

Não tem nada a ver com o fato de durante dois dias eu não ter seguido a intenção inicial desse livro. Nem com o anúncio da terceira guerra mundial que ainda não aconteceu. Não tem acontecido muitas coisas mesmo ultimamente. Momento de calmaria que antecipa a tempestade. Na verdade o botão do Pânico é um mecanismo que serve para manter afastados homens agressores das mulheres vítimas. Ouve-se recentemente muito a respeito de casos de feminicídio. Minha explicação pode deixar as pessoas perturbadas, mas acredito que quando a mulher entra no mercado de trabalho ela está disposta a passar seus dias longe da zona de conforto e reconhece o próprio valor e inconscientemente essa independência traz resultados ruins já que o homem esperará dela que seja capaz de oferecer afeto. Paciência é a solução pra tudo. A última frase pode até estar certa. Alguns sociólogos poderiam inferir pró ou contra, mas o que podemos dizer da situação em geral se em cada caso a situação era diferente?

Quatorze de fevereiro de 2020

Cachorro é baleado

Sim, isso aconteceu em Itajaí, Santa Catarina. Foi um policial que atirou, não disseram de que raça era o cachorro. Vocês vão achar bárbaro o que direi sobre os cachorros. Eles demandam muito trabalho pra se manter vivos, costumam atacar as pessoas em situações fora do comum. E tem a mentalidade igualzinho a minha, por isso não me dou bem com esses lambe sacos (não sou um lambe saco), mas daí eu pergunto: se as pessoas tratam cachorros como tratam, por que não me tratam igual a eles? A relação é realmente estranha, uma pessoa e um cachorro reconhecem mutuamente que o homem é superior ao cão, se aplicassem isso a mim, o mais difícil seria tratar com naturalidade meu senso de inferioridade e capacidade de dissuasão. Um cotonete no cu de todos os lambe saco do mundo. (Não tenho essa capacidade, mas se você tem essa habilidade e é humano sinta-se excluído dessa ofensa).

Quinze de fevereiro de 2020

Matrículas na rede municipal de ensino em Sorriso começam na próxima semana

Só escolhi essa mensagem porque a cidade se chama Sorriso. Todos devem estar sempre sorrindo em sorriso, ultimamente não tenho bons motivos pra sorrir. Aliás fazia tempo que eu não retomava essa missão de escrever sobre 2020. Sorriso fica no Mato Grosso, Spike Milligan menciona esse Estado no livro War Memoirs (Memórias da guerra), é um lugar só para os fortes, que traduzido pro inglês é I kill the rude. Por outro lado a notícia não é tão boa, deviam começar as aulas em 1 de fevereiro. Pelo menos na minha época era assim, menos na faculdade.

Dezesseis de fevereiro de 2020

É… foi um domingo. Não lembro o que eu fiz nesse dia. Não encontrei nenhuma notícia interessante, só uma que falava alguma coisa do playstation 4, como não pretendo viciar os leitores em video-games, não vou contar o que foi a notícia. Gostaria de informar os fabricantes que existem coisas na vida mais importante que os gráficos de videogame, procurem o que já se produziu de melhor segundo a opinião dos jogadores e eternizem-nas.

Dezessete de fevereiro de 2020

Constrangimento em escola de Americana

Uma escola estadual de Americana obrigou um aluno sem uniforme a usar uma camiseta da instituição com a palavra empréstimo nas costas.

Puxa vida, o sistema disciplinar é chato a beça, isso já aconteceu comigo 2 vezes, de perceber que estava sem uniforme olhando pro reflexo da janela do ônibus, mas também a aula começava muito cedo. Não há nada de errado se o garoto. Queria dizer a ele pra escrever não te empresto na camiseta da escola, mesmo que isso não faça o menor sentido.

Dezoito de fevereiro de 2020

Não encontrei notícias boas hoje. O Mustaine do Megadeth é um herói por continuar cantando mesmo com a voz rouca, mesmo antes do câncer dá pra perceber que a voz dele mudou muito ao longo das décadas. Mas ainda serve pra criar algo interessante. Por mim eu já teria aposentado pra começar a ler carvalhadas de livros. Estou falando do megadeth porque dia 18 eles tocaram em New castle Academy. Só quem tem a moral de tocar em um castelo merece ser mencionado aqui. Na verdade eu queria adicionar ainda umas sugestões de nome de banda:
1. MARMITA DE FOGO
2. REFÉNS DO MENINO
3. COCEIRA NO ALAMO

Dezenove de fevereiro de 2020

Senador Cid Gomes baleado

(velho oeste?) Ele tentou invadir um batalhão da PM com uma retroescavadeira. As consequências foram graves. Por outro lado o indicador de violência diz que esta reduziu esse ano.

Vinte de fevereiro de 2020

Engavetamento no Canadá

A primeira vez que fiquei sabendo de um engavetamento foi na faculdade, não, os carros não são colocados numa gaveta, o negócio é +-assim, devido a neblina um primeiro carro tromba e todos os que vem atras não tem tempo de frear e assim formam-se alguns quilometros de carros batidos uns nos outros, raramente tem-se feridos. Nesse do Canadá morreram 2 pessoas =(.

Vinte e um de fevereiro de 2020

Donald Trump está indo para a Índia pra se encontrar.

Pois é, de que adianta dominar o mundo e perder a própria alma. Acho que o Brasil traria uma noção melhor sobre o que é a vida. A Índia parece demasiado místico, muitos ascetas fazendo sacrifícios em público, por exemplo ter uma faca enfiada no braço, ou pessoas sentadas em pregos, outros que decidiram passar o resto da vida com o braço levantado. Tem uma beleza exótica, mas nem por isso está livre da violência. Acho que Trump conseguiria se encontrar melhor num hospital psiquiátrico, é pra lá que vão os ascetas brasileiros, todos os dias aprendemos informações novas, aprendemos a valorizar quem realmente se importa com você, e pessoas que na rua transparecem imagem hostil no hospital costumam até ser interessantes, alias muitas pessoas no hospital psiquiátrico estão com a corda no pescoço de tantas dívidas que nem sabem por onde começar a se recuperar.

Vinte e dois de fevereiro de 2020

Excesso de chuva ajuda a conter a inflação.

Não imagino como. O Zacaroto me disse que a Economia é uma ciência fácil. Mas me deixou confuso quando perguntei a ele sobre a questão do lastro. Mas uma coisa na economia pode estar certa, a crise econômica de 2009 ainda não foi convertida em aumento das empresas novamente, nessa crise os super ricos ficaram mais ricos por estratégias desconhecidas a respeito dos imóveis. Na crise de 29 foram os grandes acionistas que se deram mal. Talvez seja a crise final do capitalismo. Não sei se um simples sistema caótico de distribuição de fundos de garantia poderia funcionar ese pelo menos se acreditarmos na expansão da bondade humana contra a ganância cega por ter deixado a marca do seu dedo apontando os erros econômicos da humanidade uma vez que você encontrou uma brecha pra acumular tanto dinheiro. Se for assim espero que continue chovendo.

Vinte e três de fevereiro de 2020

Se meu pai não estivesse assistindo TV eu pesquisaria o nome da série de marionetes, tem uns monstrinhos manerios, é a imagem que a Nicodauk colocou no perfil. Pra quem não conhece, procure as obras dela, os desenhos são excelentes e o modo como ela combina as cores fica impecável, mas ela não é tão feia quanto o monstrinho que ela mostra na foto do perfil, muito pelo contrário, ela é maravilhosa.

Vinte e quatro de fevereiro de 2020

Hoje é aniversário do meu pai José. José nasceu no campo, atravessou a idade média, moderna, contemporânea e agora a pós apocalíptica com o físico de um jovem. Viveu muitas aventuras, viu muitas coisas, mas tudo bem distribuído. Uma vez ele conseguiu despistar de um serial killer que assolava a cidade e pediu leite na casa dele, ele simplesmente disse "pega aí no armário que eu to indo trabalhar." Mas o que provou que José é um homem além de pronto pro trabalho o tempo todo (ele ainda quer subir no telhado pra pintar) Ele era bem esperto com os números, mas quando converso com ele sobre metafisica e sociedade ele diz pra eu num ficar pensando muito nisso e acredita que eu não vivi quase nada depois que leu Contagem Regressiva. Eu comecei a chamá-lo de chiquinha uma vez que tivemos um período de discussão por ele achar que eu tava entrando em contato com quem não devia pela internet (não era só eu que acreditava que poderia dominar o mundo através da internet) mas Chiquinha não é o apelido mais apropriado. Pra mim ele parece mais o Rambo mesmo sendo magrelo. A prova que eu tive que ele era um herói foi uma vez que eu tava sentado perto da porta do banheiro dos fundos e vi um rato entrando lá. Gritei pra José falando que o rato tinha entrado no banheiro. De chinelo José entrou no banheiro e fechou a porta. De fora eu ouvia o barulho do chinelo no chão e ele gritava IAAAA!!! Logo depois ele saiu do banheiro segurando o rato pelo rabo e a boca do rato estava sangrando. Se todos fossem tão corajosos como José uma futura infestação de ratos poderia não ter perigo. Uma dica, não espere semanas depois de ver o primeiro rato pra começar a armar ratoeiras, é uma dica importante. Enfim… Depois dessa José se tornou meu herói. Dizem que Deus é pai. José é meu pai. Se der bobeira ele passa dos 100. Eu só chego aos 100 se mantivessem minha mente viva num android. Não é isso o que eu quero. Por fim, vamos vasculhar o dia 24 de fevereiro na história:

Em 24 de fevereiro de 1777 morria o Rei José I, em 1955, 9 anos depois de José meu pai, nascia Steve Jobs. E o sobrenome do meu pai é Alberto, ele era bom pra decorar sequencias de números. E no final teve dois filhos que são bons artistas nas horas vagas. É só isso. Feliz parabéns papaizinho. Alás, 1891, Promulgada a primeira Constituição republicana do Brasil.

Vinte e cinco de fevereiro de 2020

PM ajuda cadeirante a se locomover ao empurrar cadeira de rodas, em Aparecida de Goiânia

Vocês sabem, também sou cadeirante e minha cadeira não é elétrica. Vivemos em uma sociedade gentil nesse aspecto. Só uma vez no meio de uma multidão um cara fingiu que não era com ele quando eu ia pedir que ele apenas me ajudasse a subir na calçada pra usar o orelhão. Aliás, foi no show do cannibal corpse e napalm death, eu não entrei no show, fiquei ouvindo do lado de fora, combinei apenas com a Raquel, mas ela não foi. Voltamos a ser amigos. Sem combinar encontrei a Priscila, a que menciono em contagem regressiva, e um outro amigo do João Ricardo que de vez em quando encontro, naquele dia ele me surpreendeu falando que saiu do show porque não gosta das letras do Cannibal Corpse. Dá pra acreditar? Eu só estava esperando a banda tocar Zero the Hero, mas eles não tocaram.

Vinte e seis de fevereiro de 2020

Bolsonaro é alvo de críticas em Festival de Berlim; Brasil tem recorde de filmes. Com 19 filmes brasileiros selecionados, Festival de Berlim tem sido espaço de resistência do cinema nacional.

19 filmes, é bastante coisa, é mais ou menos um quarto do numero de filmes que já vi na vida, boa sorte Brasil sil sil sil sil. (todo país deveria ter algo parecido com essa chamada que aparece sempre que o Brasil marca um ponto em qualquer coisa)

Vinte e sete de fevereiro de 2020

O corona vírus chegou em minha cidade. Houve um caso de um homem que veio da Itália. O vírus tá se propagando rápido, mas dizem que a maioria das vítimas fatais são idosos, e isso me preocupa não só por causa dos meus pais, mas eu também tenho um corpo estragado que provavelmente não suportaria a doença. Nunca vi a sociedade em condição de quarentena aliás.

Vinte e Oito de fevereiro de 2020

Foi avistada uma mini lua orbitando a terra, do tamanho de um carro. Escritores antigos como Júlio Verne já diziam que a Terra poderia ter duas luas, mas essa dizem que entrou em nossa órbita há uns 3 anos.

Vinte e nove de fevereiro de 2020

Nenhuma novidade surpreendente. O ano é bissexto, então parabéns pra quem faz aniversário a cada 4 anos.

Primeiro de março de 2020

Homem de 21 anos morre após misturar cafeína com whey proteine.

É uma notícia triste. O que tenho a acrescentar é que misturar leite com manga não faz mal. É um mito da época da escravidão. As fazendas costumavam produzir leite e ter muitos pés de manga, e os escravos eram proibidos de tomar leite, podiam comer só manga e se um escravo fosse visto tomando leite era condenado a morte. (Esse tipo de coisa você só aprende em hospitais psiquiátricos).

Dois de março de 2020

"Vivemos um momento de ódio declarado", diz militante do movimento de mulheres

Puxa, o pior é que eu entendo o quanto deve ser difícil ser mulher nos dias de hoje. Queria dizer a alguma mulher que comigo ela não sofreria tanto ou de modo algum. Existem homens bons.

Três de março de 2020

Dia mundial da vida selvagem

Pois é, ainda resta vida selvagem

suficiente para se celebrar um dia a ela. Não foi feriado. Imagino que no futuro só teremos noção do que os animais foram através de fotos. Enfim, não sei o que esperar do mundo pós apocalíptico, mas se conseguirmos pelo menos mantê-lo limpo alguma forma de vida, qualquer que seja, poderá embelezar-se diante dos nossos olhos. Com certeza não, normalmente novas formas de vida emergem da sujeira.

Quatro de março de 2020

Astrônomos descobrem inédita fusão de duas estrelas em forma de boneco de neve.

Vocês viram isso? Se até as estrelas se amam e se beijam por que não fazemos igual a elas? Ainda existe amor, mas talvez não aqui na terra. Me pergunto, será que as estrelas vão ter um bebê?

Cinco de março de 2020

Ronaldinho Gaúcho, o jogador de futebol, já se falava em uma lenda que ele aparecia em qualquer lugar e situação do mundo. Dessa vez encontraram ele com passaporte falso no Paraguai. Poxa, mais um jogador de futebol envolvido com o crime. Wagner Love tirou fotos armado com traficantes nível hard. Robinho esteve envolvido em estupro coletivo (essa é com certeza a notícia mais triste) e teve o goleiro Bruno que suspeita-se que tenha matado a namorada, lembro na época que meu psicologo até comentou: O Flamengo é um grande time, só o goleiro que mata. Vou confessar, a única notícia diante da qual chorei na minha vida foi quando no Rio de Janeiro, um jovem argentino convidou alguns amigos pro próprio aniversário, e todos eles, que se diziam amigos, se juntaram para matar o rapaz. O Rio de Janeiro pra mim representa a Babilônia, uma grande cidade esquizofrênica, com uma moral desagradável, vazia até infantil e violenta e a contradição é que por todos os lados pode ser visto Jesus Cristo. E tem os políticos corruptos se sucedendo um ao outro há anos. Se o Brasil entrasse numa guerra eu pediria pros EUA destruírem o Rio de Janeiro. E ameaçasse explodir o outro país se continuasse com a guerra. Pronto falei.

Seis de março de 2020

Ataque durante evento político. Um ataque nesta sexta-feira (6) durante uma reunião política matou pelo menos 27 pessoas e deixou 29 feridos na zona oeste de Cabul, capital do Afeganistão

Pois é, lembro quando li Flashbacks do Timothy Leary, houve um período da vida dele em que ele ficou exilado não lembro em qual país. Mas o fato é que no país em que ele se exilou não existiam advogados. Acho incrível que um grupo de países que tem como líder espiritual um analfabeto tenha conseguido resolver assuntos de justiça com tanta facilidade. Não sei se conseguiram com tanta eficiência ser justos. O estranho no video é que não dá pra entender nada do que se passava, quem eram as pessoas envolvidas. Estou escrevendo isso no dia 8, e até agora ninguém se pronunciou sobre que tipo de evento político era, quais eram os ideais buscados pelos terroristas. Há um buraco na História, e quando em 3 dias ninguém procura saber o que de fato estava em jogo é porque lá se encontra o fim do mundo dos terra planista, planista no sentido de planejado, mas o Afeganistão é um lugar cujos conflitos políticos não interessam a ninguém, como atesta a notícia, ou no limiar da pobreza certos discursos de exaltação política a favor ou contra certas ideologia não fazem o menor sentido quando o governo poderia no mínimo dar mais atenção à produção de alimentos. Será que alguém procurará esclarecer isso para o mundo um dia? Será que eram só pessoas indignadas com a pobreza? Enfim, os Cristãos não tiveram um líder muito mais inteligente. E os muçulmanos inventaram a mulher androide, algo fascinante, talvez eles precisem aprender algo com ela a respeito do fundamentalismo, no sentido de não se endurecer e enxergar inimigos políticos imaginários, mas sim, a mulher androide talvez seja capaz de servir de autoridade para planejamento agrícola, industrial, O capital de Karl Marx poderia ensinar os 10% da população mais rica a abrir o próprio negócio. Enfim, imagino que o futuro pertence às mulheres para o azar dos homens, ou só o azar dos homens que não tenham sensibilidade nenhuma.

Sete de março de 2018(?)

Na noite do dia 5 de março para 6 de março pedi que me fosse mostrado meu destino. No sonho eu e a Fe B. Trabalhávamos limpando privadas no New York Times. Se é para eu voltar a ser uma pessoa comum preciso fazer um trabalho árduo, quem sabe até os 44 anos, meu pai disse que essa é a pior idade que existe. A Tays também rompeu o silêncio quando perguntei se ela era uma pessoa calma. Mas tudo começou quando o noivo da Letisga fez um orçamento absurdo pra fazer o poster dos 51 anos de woodstock. Acho que eu e a Letisga vamos fazer a mão juntos.

Na noite do dia 6 para o dia 7 sonhei que estava num supermercado e só vendiam cebola. Já há algum tempo que dizem que em algum lugar do mundo está havendo peste de gafanhotos. Meu vizinho que sabe consertar geladeira e maquina de lavar disse uma vez algo que deveríamos levar a serio, que quando Deus enviou os gafanhotos contra o Egito ninguém percebeu que aquilo era uma iguaria. Mas em tempos de crise de alimento em qualquer lugar do mundo um grande número de pessoas deve pôr a mão na consciência e se alistar para o grupo de comedores de gafanhotos. Mas existe uma outra equação simples sobre a fome que pode atingir gravemente o Brasil: O Brasil é o grande celeiro do mundo, a moeda se desvalorizou bruscamente em relação ao dólar e ao euro. Nem quero ver o resultado.

Mas a notícia de hoje que deveria aparecer no jornal aconteceu na minha rua. Eu realmente não consigo imaginar o que as pessoas falam longe de mim, quer dizer, até sabia um pouco ouvindo conversas nos hospitais psiquiátricos. Mas há uma ideia da física que diz que as coisas só passam a ter complexidade e aparentam ter existência quando há alguém apontando os próprios sentidos para as coisas. Como se fosse um videogame de corrida, as curvas só aparecem quando você chega nelas, onde elas estavam antes de você chegar? Estava queimada no CD. Imagino que vivamos num cd sobrecarregado. As coisas que existem exigem uma certa economia de atenção direcionada a elas pra que não haja panes de aparecer coisas erradas no lugar errado. Por exemplo, o carro do ovo que toca a mesma música sertaneja desde que me mudei pro interior, ele virou um zumbi ou está tentando reconquistar em vão um amor perdido? Enfim, a notícia de hoje tem a ver com um possível repentino dano (tilt) na HD mundial. Meus vizinhos cantaram parabéns duas vezes. Por que fizeram isso? Talvez fosse o aniversario de duas pessoas, não há nada de errado nisso. Atrapalhou um pouco minha leitura de João Calvino, mas tudo bem. Ainda não consigo imaginar o que as pessoas falam. A internet até que tem coisas interessantes, mas as pessoas a quem me refiro fabricam móveis, eletrodomésticos, roupas, trabalham com encanamentos e como o Brasil não é um país de primeiro mundo, elas se cansam demais com o trabalho + transito. Enfim, a parte que elas ensinam o que fazem no trabalho pra mim já é o suficiente se um dia me puserem pra conversar com pessoas quaisquer, claro que eu diria que os livros ajudam as pessoas a raciocinar e não cometer erros em situações surpresa, na verdade gosto de conviver com as pessoas pra falar a respeito do que precisa ser feito e o que cada um pode fazer pelo meus projetos, Durkheim já falava isso, que na sociedade moderna as relações entre os indivíduos se dão a partir do trabalho em primeiro lugar. Espero delas apenas que continuem trabalhando pelo bem da sociedade, não se iludam com empregos anarco psicodélicos, não usem drogas, enfim. Se os vizinhos cantarem parabéns de novo eu chamo a polícia.

Oito de março de 2020

Sim, houve muito protesto no dia internacional da mulher. E uma notícia se destacou. No Paquistão, um grupo ligado ao Talibã protestou contra uma manifestação de mulheres com burca que carregavam o cartaz escrito: Meu corpo, minha escolha. Estou totalmente de acordo com elas, é elas que terão que tirar um mini ser humano de dentro delas, e atire a primeira pedra o homem que gostaria de viver a gestação e parto de um bebê na própria pele. Enfim feliz dia internacional das mulheres a todos os homens que estão felizes com o fato de que elas existem. E a todas as mulheres do mundo.

Nove de março de 2020

Poxa tio era pra ser um relato só de notícia boa, mas é óbvio que as notícias ruins são mais fácil de encontrar, principalmente as mais marcantes. No início a intenção era levar adiante o projeto quando o Brasil conseguisse dominar Woodstock e a lua, mas ainda estou chocado com a falta de explicação sobre o que aconteceu no Afeganistão. E hoje, não porque ontem foi o dia internacional da mulher, mas porque nosso presidente apresentou na televisão que ele é um asno ao lado de um comediante, incapaz de argumentar sobre as próprias convicções, o índice Bovespa caiu 12%. Alguém precisa salvar o mundo das cáries. Por incrível que pareça as soluções são simples, mas uma amiga questionou na internet, como o simples pode ser tão complexo. Minha resposta é que quando agimos sob certa tensão natural procuramos as respostas que tenham a complexidade à altura do nosso próprio nível de tensão. Mudando de assunto: hoje li a primeira notícia sobre as olimpíadas na terra dos meus ancestrais. Dizia a notícia que por causa do corona vírus a tocha olímpica passaria pela Grécia sem público assistindo. Pesquisadores revertem Alzheimer e Herpes com substância do açafrão. Enfim, realmente, como a simplicidade é complexa. Enquanto isso o presidente tá entregando aldeias indígenas ao massacre por garimpeiros quando poderia ter uma baita farmácia a ser estudada na Amazônia. Apesar das noticias, li umas 30 paginas, traduzi 7 e ultimamente estou me sentindo bem cansado, as vezes sinto como se meu cérebro tivesse ficando com consistência de areia, é a idade.

Dez de Março de 2020

Apesar da informação de covid 19, em dez de março fomos informados de muitas coisas sobre economia, inclusive que o PIB brasileiro cresceu menos no primeiro ano de Bolsonaro do que na época de Michel Temer. Temer era um presidente sombrio, mas dizia-se que ele entendia de economia. Se o mundo de amanhã continuar sendo o mesmo tédio, eu quero dizer, se a próxima investigação se mostrar inútil, uma vez que estou escrevendo no dia 13, não faço ideia do que irei publicar. Acho que o covid foi uma solução cármica para que países de pessoas com cabeça não sejam governadas por um demônio, enquanto notícias relacionadas a covid continuam aparecendo. Terei tempo para procurar alguém para fazer o pôster de 51, o ano do Brasil em Woodstock. Venha logo dia 11.

Onze de março de 2020

Menino deixa cabelo crescer por dois anos e doa a entidade que faz perucas para crianças com câncer.
     Surpresa! Uma notícia boa. Entre o segundo colegial e a entrada na USP também fui um guerreiro cabeludo do metal. Aliás eu era

vegetariano na época e cheguei a ficar bem magro. O cabelo se perdeu na montoeira de cabelos de outros calouros na matrícula do curso de ciências sociais. Aliás eu já tive várias aparências enquanto por dentro eu era um tremendo pé no saco. Durante a faculdade nunca encontrei uma imagem minha que eu olhasse e dissesse "quero ter essa imagem pra sempre." Essa frase só me veio a mente quando li o apocalipse e era Hunter Thompson Cover, mas daria um trabalho absurdo raspar a barba e em cima da cabeça dia sim dia não. Acho que vocês conseguem imaginar como um profeta gostaria de ser visto na sua maturidade, um czar russo da Idade Média dizia que a barba é sagrada e não deve ser raspada. Se a Fe B for trabalhar comigo no New York times ano que vem vou voltar a ser Hunter Thompson cover.

Doze de março de 2020

"Ele adorou"

Paciente comemora aniversário de 101 anos com festa surpresa em um hospital. "ele adorou," diz enfermeira. O idoso ficou internado por 21 dias com pneumonia e recebeu alta nesta quarta feira (11) AAAAAAAAAAAA!!!! Desculpem o transtorno, como diria meu amigo Thomas Knaus é bem coisa de brasileiro, como pode, dar a notícia do dia 11 no dia 12. Desculpem o transtorno. O que tenho a comentar é que só aceitaria viver até os 101 anos se fosse daqui uns 7 ou 8 anos, minha sensação de tempo é estranha, nasci com sono e lembrar da hora que acordei quando vou dormir faz realmente parecer que o dia foi uma eternidade. As vezes acontece o contrário também, de perder a noção de dia da semana por ter dormido 80% de 3 dias seguidos, algo desse tipo. E a realidade acordado tá ficando cansativa também, mas não, minha meta é chegar aos 44, aliás, será que fizeram uma festinha secreta da pilula azul com o ancião da notícia? Não é piada, nunca é tarde pra se fazer um filho.

Treze de março de 2020

Paciente foge do pronto socorro

Pois é, tem gente que faz de tudo pra não saber sobre a doença que está sofrendo. Esse manesinho pra piorar foi proliferar a doença. Lembro de um texto de Foucault sobre a quarentena, agentes do governo visitando casa por casa, pedindo para, se tivessem, apresentar os mortos da casa e perguntando se está faltando comida, enfim, será que desaprendemos isso? Estão tentando ter controle. Isolamento não é o pior dos pesadelos. Lembrei também de uma cena de O fantasma da liberdade, o filme, há uma cena de um homem pouco idoso pedindo para que o médico fosse sincero a respeito da condição de saúde, o médico diz que ele está com câncer. O paciente dá um tapa na cara do médico. Enfim, espero que nos próximos dias eu não tenha mais crônicas sobre o corona vírus. Aliás, acredito seriamente que toda manifestação em massa de uma doença tem um propósito, a microcefalia foi um modo de fazer os recém nascidos serem tão burros quanto os pais no Brasil. Os rituais macabros dos incas gerou uma doença em que de repente as pessoas tinham os olhos, boca e nariz sangrando e então caiam mortas. O corona virus, se não existisse, resultaria numa progressão da nova guerra fria, o que estão todos esperando?

Quatorze de março de 2020

O que as pessoas fazem quando estão em quarentena? Assistem TV. Gosto de canais ousados como adult swim e locomothion, são desenhos animados em geral em que não parece ter um bem e um mal. Nas TVs brasileiras está sempre em foco coisas demasiado maniqueístas. Os "besteiróis" no mundo cômico, ora acho que é bom as pessoas verem coisas irreais com pleno foco em mostrar situações causadas pelo tédio, stress, mundos completamente malucos. Isso se parece bem mais real que as novelas que basicamente só falam de crises de perseguição.

Quinze de março de 2020

Mercado reage à falta de liderança global' Que tipo de liderança global eles querem? Será que posso me candidatar?

Dezesseis de março de 2020

Novo corte de juros do BC americano aumenta pressão sobre Selic no Brasil

Vou pular essa, se um dia alguém ler isso e demonstrar o que e como aconteceu, por favor coloque uma nota nesse livro, mas o que temo para esta crise atual é o que aconteceu na crise das hipotecas, muito complexo. Como bom teorista da conspiração acho que um pequeno grupo de pessoas estão desencorajando as bolsas de valores a operar novamente para que tudo que eles... Desculpa, não posso simplesmente inventar o que não entendo. O que sei é que nos últimos 15 anos muitas coisas foram descobertas ou inventadas. Mas são coisas ainda sendo produzidas em galpões do tamanho de super mercados. Esses empreendimentos trarão de volta o equilíbrio do mercado.

Dezessete de março de 2011

Adotada a resolução 1973 do conselho de segurança das nações unidas relativa à guerra civil Líbia.

2011... lembro que começou com uma viagem pra Ubatuba com poucos amigos da faculdade e poucas amigas da namorada do Pedro. Foi a primeira vez que entrei no quarto de uma garota, apaguei as luzes e fui na direção dela. Ela ficou assustada e disse não, então pedi desculpas. Parece que aquela época, janeiro de 2011, voltava a reinar o medo do convívio entre as pessoas, lembro de estar num bar, sentado, tentando ser o mais discreto e atento que eu conseguisse, acontecia a primavera árabe, a garota cujo quarto entrei, durante toda semana não foi à praia. Eu quebrei o dedo jogando bola com desconhecidos. Acho que 2011 foi o ano em que o homem passou a ter medo do homem até o momento do apocalipse. De fato, não é fácil conviver com estranhos, não tentando ser neutros e cegos, mas adotar como um problema pra você o problema do próximo. É disso que as pessoas evitam, o amor ao estranho. Por outro lado há pessoas sem cérebro que ficam preocupadas se estão convivendo com psicopatas, então eu digo que pelo menos no trabalho as pessoas consigam ter momentos para rirem juntas. Mas por favor, crie coragem e vá ajudar o desconhecido, acabei de traduzir uma parte do texto do K. Dick sobre isso. Lembrei de um evento da infância, eu estava viajando e vi um cara ao lado de um carro e me veio a cabeça que o carro estaria quebrado e o homem, sem telefone, corria o risco de ficar lá pra sempre.

Dezoito de março de 2020

Japonês com coronavírus é infectado pela segunda vez duas semanas após se recuperar

Vai ter azar assim lá no Japão.

Dezenove de março de 2020

Eu já suspeitava que esse presidente, ou usa a estratégia do humor absurdo, a afirmação que o Leonardo de Caprio é responsável pelas queimadas na Amazônia já mostrava isso. É um homem que consegue ser autoritário sem solenidade, que não sabe argumentar, já que ele disse que as armas poderiam ser legalizadas porque o povo descobriria sua necessidade. Dessa vez ele resolveu fazer uma piada que zomba com a seriedade da situação. Colocou a mascara para evitar o corona vírus nos olhos e o povo brasileiro deve ter pensado que ele não quer nem saber da doença e responsabilidade para que não morram muitas pessoas. Cegueira. Aquele homem está tentando fazer cortina de fumaça com humor subentendendo que ele não faz ideia do que é necessário ser feito. Além disso mostrou ser um analfabeto porque pra ele os livros são meros conjuntos de palavras que não ensinam nada. Quero derrubá-lo com um livro apesar de acreditar que eu seja tão débil mental quanto ele. Diretas Já!

Vinte de março de 2020

Bolsonaro inclui atividades religiosas em lista de serviços essenciais

Ó céus, aposto que esse moleque nunca leu Vigiar e Punir do Foucault. Ele descreve como antigamente se fazia uma quarentena. As pessoas aguentam ficar uns 2 meses sem ir à missa. Foi tudo feito sem esquadrinhamento em que agentes do Estado visitam casa por casa pra se informar sobre os mortos e infectados, muita gente não está preocupada pelo fato de o número de infectados ainda não ser tão alto. Escrevo isso no dia 26 de março, há 2 dias foi ordenada a quarentena. Algo pior vem a frente.

Vinte e um de março de 2020

Montadoras param e põem mais de 100 mil em férias coletivas ou banco de horas

Alguma coisa precisava desacelerar a produção de automóveis. Vi no Worldometer, o site de estatisticas mundiais que atualmente os carros são fabricados no mesmo ritmo que o nascimento de bebês. Se continuar assim um dia teremos que ter carros publicos, que você abre com a carteira de motorista e funcionários do estado saem as ruas procurando estes para verificar se precisam de manutenção. Enfim, e eu que achava que o ponto de desequilibrio da mão invisível do mercado eram os artistas, mas talvez estes sejam bem menos do que aqueles que procuram trabalho na indústria automobilística.

Vinte e dois de março de 2020

Quarentena de SP pode custar R$ 2 bilhões por semana

Logo tudo volta ao normal, o fato é que todos já trabalhavam com produtividade mais baixa do que se trabalhassem 6 horas por dia em vez de 8. Estávamos beirando a economia da gratuidade. Provavelmente em breve vou ter que fazer jejum. Enfim, espero que todos estejam aproveitando as férias lendo um bom livro. Queria estar lendo Mulheres que correm com os lobos, em vez disso estou lendo o Calvino pra verificar se a doutrina evangélica é firmeza o suficiente e merece ser mencionada nesse livro. Indiferente até agora…

Vinte e três de março de 2020

Barba está fora de moda! Famosos já tiraram, contra coronavírus

Até o só notícias boas tá vacilando. Não vou cortar minha barba por causa de um vírus.

Vinte e quatro de março de 2020

Tecnologia da aproximação: Os brasileiros tem explorado diferentes recursos tecnológicos para se manter conectados aos amigos e à família mesmo com a recomendação de distanciamento social. Festas surpresa de aniversário, chás de revelação e até reuniões de brincadeiras para crianças foram realizados com o uso de aplicativos de mensagens e vídeos.

Pra começar sou meio tecnofóbico, as

vezes ver a complexidade de coisas ao redor, seja em casa e principalmente em hospitais costumam me assustar e refletir: o ser humano tecnicamente até que é um animal esperto. Quanto a mim, sei sobre coisas simples, mas uma amiga me disse que as coisas simples são bem complexas, acho que meu vocabulário de internet precisa ser atualizado, mas acho meio ridículo ver pessoas falando em rashtag, emogi, num faço ideia do que seja isso mas preciso do computador principalmente pra trabalho e procurar vídeos xamânicos no website de vídeos. Às vezes meu irmão usa o recurso de ligação filmada e eu aproveito pra rever minha sobrinha favorita. A primeira vez que ela me viu pelo tablet do meu pai ela deu risada, só que foi rápido, eu tava apertado pra soltar um barro.

Morre Albert Uderzo, um dos criadores de Asterix e Obelix. Em algum lugar no tempo passado ele fez menção ao coronavírus como um competidor de uma corrida de carros se não me engano em uma história em quadrinhos, prova que as vezes as sincronicidades não funcionam só comigo.

Vinte e cinco de março de 2020

Puxa aqui o pavio, não lembro o dia que Bolsonaro deu a declaração esdruxula ao Brasil dizendo que o corona Vírus não o derrubaria por ter corpo de atleta. Além disso ele não prolongou as férias escolares, será que ele não pensa que os pais das crianças e funcionários da escola poderiam estar em risco? Enfim, a notícia do dia 25:

Governadora de Tóquio pede para que moradores

não saiam de casa até o dia 12 de abril. Pelo jeito teremos um longo período em casa.

Vinte e seis de março de 2020

Fernandópolis decreta Estado de Calamidade Pública

Fernandópolis era a cidade do meu vizinho Élvis, espero que ele esteja bem, foi ele que me ensinou a fazer arapuca pra pegar passarinho. O pai dele se chamava Benedito, e meu pai perguntou pro Élvis se não havia nenhum Benedito na família dele. O Élvis disse que não. Aconteceu que uma vez chamamos a família do Élvis para um churrasco em casa, e meu pai deu o nome de Benedito ao cachorro que o próprio Élvis havia nos dado. No churrasco o cachorro resolveu pular em cima do pai do Élvis e meu pai gritou pro cachorro: "BENEDITO! SAI JÁ DAÍ." O pai do Élvis achou estranho e meu pai teve que explicar que chamava o cachorro de Benedito. Bons tempos quando a sociedade mais próxima podia ser chamada de comunidade.

Vinte e sete de março de 2020

Passei bem por cima da notícia porque estou uns 20 dias atrasado. O que aprendi hoje procurando as notícias é que tem uma novela que tem um cara que parece um lobisomem, com dentes afiados, e por incrível que pareça, a novela é um fracasso.

Vinte e Oito de março de 2020

Sim, vou falar sobre novela de novo, pois em tempo de pandemia mundial não há outro assunto interessante, nem abri a página da notícia, na capa já dava pra ver o absurdo: um casal se beijando! Não sei de qual emissora era a novela, mas é esse o exemplo que vocês querem nos dar em tempo de quarentena?

Vinte e nove de março de 2020

Inteligência artificial é arma contra coronavírus

Primeiro queria lembrar do argumento talvez mais polêmico do outro livro de que a tecnologia podia regredir. Que Elon Musk não venha a me condenar por não ter dito a ele, mas eu não disse mesmo. Em todo investimento dele tem aparecido empecilhos. Carro artificial? Pra que? Muitas pessoas gostam de dirigir. Equipamentos eletrônicos as vezes travam sem motivo algum, e assim os carros autodirigidos mostraram-se não ser uma boa ideia. Certo. E pra que ir pra Marte se já temos o Saara. Lembro que antigamente eu imaginava que o deserto era o melhor lugar pra reflexão espiritual. Enfim, foi descoberto que a radiação em marte é intragável, e há um lugar acima da terra em que a paisagem é muito mais agradável: a Lua. Não sei se ele era investidor em cripto moedas, mas se você for, esquece a possibilidade de ficar rico, pode ser que você perca-as assim que sua HD falhar, e isso leva em torno de 15 anos no máximo. Mas o que resta ao senhor Elon Musk investir? (Voltando no tempo) Queria ter uma máquina de conversar, igual a pasta psiquiátrica do livro Os Três Estigmas de Palmer Eldritch, na verdade o notebook se parecia com isso quando eu conversava com uma colega que estudou psicanalise. Não sei se por falta de garantias

seguras de que ela poderia morar aqui em casa pra cuidar dos meus pais ou se nossa metafisica não era a mesma. Talvez tenhamos nos aproximado demais pra meros colegas que entraram na faculdade no mesmo ano. Estive lendo A Instituição da Religião Cristã (Calvino) pra ver se os protestantes tem uma filosofia razoável. Até agora nada de errado, (nada de memorável também) mas durante toda minha vida os vi com suspeita, eles são impetuosos. Também desconfio de onde eles sugam tanto dinheiro. Enfim, acho que Sophia seria capaz de ministrar uma igreja de um modo no mínimo interessante, mas não, não queiram encher a mente dela com as parafernálias da religião. A inocência é o caminho da eternidade.
Na verdade já organizei uma lista de livros a serem lidos num curso de Solucionadores de crises existenciais. A lista foi colocada em anexo nesse livro, Sophia seria a primeira a testar, (Já pensou se ela começar a apresentar sintomas de esquizofrenia?)

Trinta de março de 2020

O dólar nesse dia atingiu 5,16. isso quer dizer que com 2 dólares dá pra comprar um bom maço de cigarro e ainda sobra troco.

Trinta e um de março de 2020

Só notícia sobre a pandemia. Pra deixar vocês felizes, agora é pra valer. O livro Contagem Regressiva para a Extinção está pronto, enfim, se demorei pra enviá-lo para a editora é porque minha intuição disse pra revisar um livro, poderia ter sido o Poor Richard's Almanack (Almanaque do Pobre Ricardo) do

Benjamin Franklyn, mas em vez disso decidi ler o livro de 1400 páginas do Calvino, termino em breve.

Primeiro de abril de 1964

Este dia da mentira durou uns 20 anos. Quando eu nasci já havia acabado. Meus pais se casaram aos 36 anos. Meu pai disse que na época militar não haviam muitas festas ou lugares que promovessem o convívio. No meu tempo em São Paulo até tinha onde ir, mas eu não conseguia ver sem desprezo o que os Índies eram de verdade, mas eles tinham lugares pra ir se embriagar e encontrar parceiros sexuais. Toda geração tem que estar atenta a isso. Sou totalmente a favor da música do Odair José, pare de tomar a pilula (Ele também fez músicas de amor pra prostitutas em plena ditadura). Nessa musica ele provoca a política malthusiana de limitar a natalidade, promovida pelos militares. Se eu tivesse dinheiro eu iria querer ter pelo menos 8 filhos. Mas há um problema nisso, nenhum deles conseguiria chegar tão longe quanto eu, escrevendo aos 33 anos comentários sapecas sobre o jornal.

Dois de abril de 2020

Hoje descobri que existe uma página na internet que só dá notícias sobre emissoras de rádio. Aliás, nesse dia a Covid-19 confirmou seu primeiro milhão de casos.

Três de abril de 2020

Que países e territórios ainda não têm casos confirmados de coronavírus?

Tuvalu, o arquipélago e o Turcomenistão, até pouco tempo atrás o Chade. Sinal de que a globalização não tem lá seus defeitos.

Quatro de abril de 2020

Criado na época da segunda Guerra Mundial, o jipe (jeep) faz aniversário hoje, coincidentemente 4 x 4. Quando eu era criança eu queria ter um jipe. Na adolescência, lá pelos 15 anos eu era fascinado pelo carro típico de funerária, não sei de que marca é. No final todo o dinheiro que meus pais economizaram para eu ter um carro eu gastei em livros. E não me arrependo.

Cinco de abril de 2020

Arquidiocese de Detroit anuncia cancelamento dos eventos da semana santa.

Até a terra do Iggy Pop tremeu as bases com o corona vírus? Talvez estejam certos, só os evangélicos são capazes de curar pessoas mesmo. Estou com saudade do Iggy Pop, eu fui no show dele. Não foi tão caro. Lembro que no show do Primal Scream eu tava na frente da câmera que filmava o palco de longe e notei que ela estava meio baixa então acendi o isqueiro na frente da câmera e isso apareceu em destaque no telão, vai ver foi por isso que o Iggy avisou os seguranças pra ficarem de olho na hora que ele chamasse parte do público pra subir no palco. 1 cara desmaiou e ele não tocou dirt. Mesmo assim foi o melhor show da minha vida, não foram muitos. Quanto ao Megadeth… A voz do Mustaine tá rouca demais, sempre sonho com ele. Mas não fui no show. Enfim, Deus não proíbe que gastemos mais de 200 reais em um show de rock ou um vinho mas é bom contentar-se com pouco. Queria ter ido no show do Cranberries também, foi lá pelo meu quinto ano de faculdade, não sei por que não fui. Talvez o público era outro.

Seis de abril de 2020

O primeiro ministro britânico contraiu o Corona vírus. Pra falar a verdade não sei qual foi o papel dele na questão de ficar ou sair da União europeia e, naturalmente, a política é um palco de vontades discrepantes, por isso a chamo de ninho de ratos. Se ele esteve certo ou errado… não sei, mas o Covid veio para julgá-lo.

Sete de abril de 2020

Em plena crise do corona vírus os democratas nos USA estão preocupados com a disputa dos pré candidatos a presidente. Já vi que é mais ou menos o que aconteceu com o Brasil, Bolsonaro venceria Haddad no segundo turno, Ciro Gomes venceria Bolsonaro no segundo turno. Escolheram Haddad pra ir pro segundo turno. A meu ver Trump se exaltaria demais de orgulho se vencesse as eleições mas quem sabe antes disso, uma vez que ele é o primeiro presidente dos USA a apertar a mão do presidente da Rússia, Putin, só precisamos colocá-los esse ano frente a frente na celebração dos 51 anos de woodstock, onde contagem regressiva para a extinção seria lido e eles teriam que fazer um acordo sobre as bombas atômicas. As pré eleições nos USA parece o que aconteceu no Brasil, tesoura, pedra, papel. Mas no final todos sabem que o vencedor será o Comunismo.

Oito de abril de 2020

Dia mundial da luta contra o câncer. Infelizmente estou do outro lado. Feb é canceriana, sinto que tenho obrigação de morrer de câncer, mas as dores no peito ainda são raras, a dor mesmo vem em doses homeopáticas dia após dia, é uma morte lenta, mas acho que vou fumar só um cigarro por dia quando estivermos juntos. Estranho é o fato de eu sentir que ainda faltam coisas a serem realizadas na minha vida antes de morrer e talvez eu fique agonizando por um bom tempo se Febe não vier. Mas se você acha que alguns anos a mais na sua vida vale tanto dinheiro quanto os gastos que você teria para combater o câncer, espero que você pelo menos seja alguém que não espera nenhuma nova satisfação para a própria vida, nesse caso não há motivo pra combater o câncer.

Nove de abril de 1288

Invasões Mongol no Vietnã: forças de Yuan são derrotadas por Trân na batalha de Bach Dang, atual Vietnã do Norte

Imagino que na época não havia uma cultura jovem de hippies implorando o fim da guerra do Vietnã. De certo modo sabemos o resultado, com o tempo, até o começo do século XX, a Mongólia retraiu seu império se tornando um Estado de tamanho médio. Quando eu era criança lembro de ter lido que eles adoram cavalos também.

Dez de abril de 2020

Não gosto muito de cinema, imaginei que essa industria talvez um dia sofresse com a finitude. Ainda há pessoas fazendo filmes, mas em geral costumam ser fora da realidade, e raramente realidades dignas de serem filmadas são feitas. Ou o cinema que simula a realidade normal seja demasiado entediante também. Estou falando de cinema porque hoje apareceu entre as notícias uma lista de filmes que estão prestes a serem lançados, e eu não me interessei por nenhum. A modernidade é mais ou menos o que disse o personagem de O Lobo da Estepe, o livro… a modernidade é como ter um toca disco que toca uma sinfônia que talvez você nem goste, mas é o que tem. Mas no mundo pós apocaliptico você tem a chance de garimpar coisas boas em meio a vastidão de coisas que alguém um dia achou que seria legal ser feito. Mas tenho contra o livro de Herman Hesse o fato de o personagem dizer abertamente que o amigo fazia misturas afrodisíacas com cocaína. Não lembro quase nada do que o livro tem a dizer na verdade, mas me identifiquei com o fato de o personagem estar vivendo a fase da vida marcada pelo cansaço e coisas que não voltam mais. Sempre achei nojento as pessoas se drogarem enfiando coisas no nariz, além disso meu amigo Gabriolo disse que existem pessoas que morrem na primeira vez que experimentam cocaína.

Onze de abril de 2020

Milk shake de caldo de cana, direto da página

O Brasil que Deu Certo. A criatividade do brasileiro não tem limite. Estive pensando... talvez ficaria bom um milk shake de abacate mas acho que não sou a pessoa certa pra testar e criar uma receita. Já inventei duas receitas na vida:

Cuscuz de mandioquinha:
3 mandioquinhas cozidas em fatias média 1 molho de tomate pronto de macarrão mistura com X quantidade de farofa de milho, a ideia é tostar os dois. Milho e ervilha. (não lembro se eu colocava sardinha) e por fim colocar espinafre na mistura. Antes de fazer não se esqueça do fato de que eu só consegui fazer isso uma vez na vida, pode ser que exija tentativas sucessivas até você encontrar o ponto certo da receita.

Legumes ao curry:
1 cenoura fatiada, cobre com couve flor e brócolis quase até a tampa de uma panela grande. A água só deve cobrir dois dedos acima da cenoura talvez um pouco mais, a cenoura vai estar no ponto quando estiver mole, ao ponto de um garfo ser capaz de atravessar os pedaços, todo resto estará pronto nesse ponto. Os demais ingredientes são cozidos no vapor. Acelga e pimentão devem ser refogados numa frigideira grande. Talvez um pimentão e meio (em tirinhas), e a acelga corta em tirinhas até quase transbordar da frigideira. Curry a gosto. Um terço de batata palha.

Doze de abril de 2020

É... hoje tive muito o que escrever. Esse livro estava desatualizado em 20 dias. Pensei em por fim colocar um acontecimento histórico, e o que mais me chamou a atenção foi a ventania mais forte de todos os tempos, aconteceu em 1934 em New Hampshire. 231 milhas por hora. Não lembro de ter lido isso em nenhum livro de História. E já que comecei a falar de História, recentemente me dei conta do quão lentamente ela ocorre. Se a História pretende falar de política deve se focar de agora em diante na qualidade das propostas dos que virão a tomar posse no governo. As invenções pós 2011 são assustadoras e por mim eu manteria só o complexo eletrônico capaz de restaurar a visão dos cegos. Mas é necessário voluntários. Por mim a política poderia ser demolida pra que as pessoas trabalhem voluntariamente com o que elas quiserem, mas acho que mesmo nesse mundo há situações invisíveis e alguém com um megafone no meio da praça poderia dar sugestão de trabalho para as pessoas nos setores de produção de mercadorias que as pessoas raramente se lembram que também tem importância serem produzidas. Enfim, partimos de um sistema educacional que deu nome a tudo com poucas experiências empíricas de como as coisas são feitas, e pouco dá pra imaginar sobre o que se passava na mente das pessoas ou que tipo de sociedade emergiu ao ponto de chamar o momento atual de modernidade. Sempre corremos o risco de perder grandes acontecimentos. E esse livro é uma espécie de História condensada. Não faço ideia se os historiadores de amanhã acharão muito "todo tipo de coisa acontecendo ao mesmo tempo" para o tempo atual. Enfim, eu era ingênuo no primeiro ano de faculdade porque achava que a sociologia seria capaz de oferecer o determinismo biográfico, durou muito pouco essa sensação e… pode ter sido meu primeiro sintoma de esquizofrenia. Atualmente em termos de produtividade no trabalho está tudo tranquilo, mas ainda durmo demais. O problema é que desconfio que tenho uma personalidade dissuasiva. Difícil lidar com o "eu vim para servir e não para ser servido." No trabalho de decoração sempre aparece o problema de que alguém precisa segurar do outro lado pra alinhar... Tem coisas que eu sei que as pessoas sabem fazer mas que eu me lembre só o Vinícius e o Ewerton Boina me ajudaram no trabalho pesado. Aliás, não devo ter mencionado, mas no hospital psiquiátrico você pode aprender o segredo de centenas de profissões, o tipo de coisa que Philip Roth descreve no final do livro homem comum, mas de vez em quando aparecem pessoas que causam tensão, enfim. Mas em relação ao determinismo biográfico, o contrário pode estar certo. Estou revisando, e nessa parte me veio a ideia de que eu dificilmente seria aceito entre os sociólogos com as coisas que escrevi sem diploma, mas também a sociologia poderia investigar as coisas com base no que elas não são. Determinada pessoa pode ser capaz com os eventos da própria vida isolada, de dar novas cores ao mundo que a assiste. Enfim, uma notícia pela qual passei despercebido. Incêndio no mercado municipal da minha cidade. É uma grande pena. Lá comprei uma camiseta do Corinthians lá pelos meus 11 anos, não tinha o nome do jogador e o número era o 12. Eu não entendia nada de futebol então meu irmão e meu primo Edson inventaram que a camiseta era do Marcão Aldair, o jogador mais bosta do time e ficaram me zoando por isso. Marcão Aldair, se você existe de verdade, seria um prazer vê-lo jogar melhor do que meu primo e meu irmão juntos, não deixe eles te zoar não. Lá também comprei um chapéu pra festa junina no colegial e eventualmente, como era próximo dos psiquiatras que me atendiam, meu pai comprava queijo no mercadão pra fazer pão de queijo. Atenção: se um dia você suspeitar que poderia pôr um pão de queijo no lugar de um governante, não perca tempo, coma-o (o governante).

Treze de abril de 2020

Vendas para Páscoa caem 33% em 2020, segundo Boa Vista

Pois é, vamos dar um descanso pro coelhinho, mas se no final de 2020 eu for contratado pelo New York times pra trabalhar com a Febe não preciso ganhar mais nada do papai noel. Alias só deixei de acreditar no papai noel aos 11 anos porque em um natal eu estava de olhos fechados tentando dormir quando alguém acendeu a luz, deixou o presente na minha cama e acariciou minha cabeça, só pude ver a mão da pessoa que me acariciava, meu irmão pegou minha mãe em flagrante mas minha mãe disse pra ele não falar nada, e como eu não estava entendendo o que estava acontecendo achei mesmo que quase peguei papai noel em flagrante. Nada como comentar o início da semana santa falando sobre um auxiliar mítico da religião cristã que nos dá de presente dias de folga mas quem de fato foi São Nicolau?
No dia 13 também faleceu Moraes Moreira, grande ícone da música brasileira .

Quatorze de abril de 2020

Sabe, situações extraordinárias podem tornar a sociedade mais próxima de si mesma. (olhando

na TV os prédios interagindo entre si, até faz parecer que são todos limpos de pecados graves contra os irmãos. Mas isso não me interessa, não sou mais neurótico. Tudo bem, ter encontrado a entrada do paraíso bem no meio de São Paulo (a cidade onde eu nasci) me fez pensar que no lugar onde dois absolutos se misturam, é melhor ficar longe a não ser que eu queira que os hemisférios do meu cérebro ajam independentes um do outro). Agora a pouco comecei a ler um texto do papa sobre o início da semana santa. Pensei: não vou ler isso pra depois resumir e colocar no livro. Mas o que tenho a dizer sobre a religião, qualquer que seja, sua principal função do meu ponto de vista é garantir às pessoas que seus semelhantes são freados de agir loucamente e sair matando pessoas. Há casos que de fato não tem cura, mas há lugares onde a faca e a fome andam juntas e há lugares onde a aparência de bem estar coletivo incomoda o cidadão solitário. O importante é refletir o quanto disso é sua culpa, e praticar a caridade mesmo que existam pessoas a quem seja mais recomendável esta atitude. Estive meio confuso ultimamente. Achei que a páscoa fosse dia 12, me enganei. Há poucas horas começou a terça feira santa, não estou esperando ninguém pra me crucificar, vou viver até os 44 anos. Hoje se celebra a santa ceia. Vou fazer jejum.
A primeira leitura é o segundo canto do servo de Javé; nesse canto, descreve-se a missão de Jesus. Deus o destinou a ser "luz das nações, para que, a salvação alcance até os confins da terra". O Salmo é o 70: "Minha boca cantará Teu auxílio." É a oração de um abandonado, que mostra grande confiança no Senhor.

Não sou um padre, e na revisão estamos perto do 11 de setembro… de 2022. Senhor, já que não mantive minha calva reluzente para afastar os maus, que pelo menos aqueles que não raspam a barba sejam no meio do rebanho vigilantes para frear a maldade daqueles que no meio do rebanho estiverem contra o rebanho." Meu pai José me ensinou a rezar: Santo Deus de Jesus amem. É o suficiente pra se sentir confiante de que Deus está vigiando, a reza do anjo da guarda é um pouco mais complexa.

15 de abril de 2020

Confundi o dia da Páscoa, a Feb não veio, acho que ela está esperando o lançamento de Contagem Regressiva para a extinção (como era chamado antes o Pôr do Sol da Humanidade, atual Um Abençoado Manesinho nos dias do Apocalypse).

Coronavírus pode fazer País perder uma década e voltar ao nível de 2010

E não ficamos em quarentena nem por dois meses, vejam só.

Dezesseis de abril de 2020

Resumindo, o Estado está pagando 600 reais aos necessitados, mas exigem que estes possuam CPF, e tanto pra pegar o bônus como pra fazer o CPF as pessoas precisam ficar em fila. E assim devem ter morrido pelo menos uns 30 cidadãos.

Dezessete de abril de 2020

Desemprego nos EUA atinge 22 milhões

O Brasil está parecido, 14 milhões numa população de 200 milhões, enquanto os EUA tem 300 milhões de habitantes. Não me lembro que dia que se não me engano o ministro da saúde foi xenofóbico mostrando os chineses falando igual o cebolinha da turma da Mônica pra implorar que a distribuição de mascaras e qualquer ajuda médica siga a lei da solidariedade não do mercado, os EUA haviam comprado quase todas as mascaras que a China tinha em estoque.

Dezoito de abril de 2020

Puxa vida, essa foi difícil de achar. Achei que tivesse sido o dia em que não aconteceu nada no mundo inteiro, até que eu encontrei uma lista de 10 acontecimentos, um deles tinha a ver com a NASA e todo o restante sobre coisas relacionadas entre o corona vírus. Ora, isso é como se não tivesse acontecido nada importante mesmo. Até que eu cheguei a nona notícia, a décima era sobre o corona vírus, mas a nove falava que a convenção dos cartunistas comic-con havia sido cancelada esse ano. Sem piadas pra hoje. Caneta e papel são os instrumentos de trabalho mais baratos do mundo. Uma vez eu estava na Avenida Paulista e tinha esquecido o bilhete do metrô. Então fiz uma flor de origami e tudo se resolveu. Porém origami é muito barato pra muito trabalho.
Dezenove de abril de 2020

Só pra lembrar que a imprensa está se

perguntando só sobre o efeito do Bolsonaro na história, tudo indica que seja só tragédia, este homem consegue fazer todo mundo odiá-lo.

Vinte de abril de 2020

Mais de 30 atrações online e gratuitas em abril de 2020

Não preciso disso, gosto mais dos livros, a televisão parece estar entrando no ritmo da nova era, fazendo-nos resgatar a ideia de que lembrar é viver. Outro dia passou um jogo do Brasil contra a Argentina na época de Kaká, Robinho, Ronaldinho Gaúcho, Adriano, um baita time. Uma vez tentei pedir pra Globo incluir na programação deles um programa de recomendações de livros, quando encontrei o link: clique aqui para enviar sua sugestão ou roteiro de programas, apertei o botão pensando "finalmente vou mudar a história dessa emissora dos infernos," e a resposta foi: "lamentamos, nós mesmos fazemos nossos programas e roteiros." Desgraçados.

Vinte e um de abril de 2020

Preços do petróleo derretem nos EUA e barril é negociado abaixo de zero

Não estou entendendo. Não tentem me dizer o que está acontecendo no mundo, apenas rezem pra que o covid 19 não dure até a extinção da raça humana. Acredito que chegamos num momento de evolução em massa, antigamente só as cobras não fugiam do ser humano, agora todo o resto está contra nós. Deu pra ver a evolução dos tipos de insetos que apareceram aqui em casa, antigamente o mais perigoso era a tarantula, agora aparecem escorpiões e centopeias de vez em quando.

Vinte e dois de abril de 2020

Foi o aniversário de 520 anos do Brasil mas ninguém comemorou. Devo Confessar que é urgente que eu pare de escrever, hoje nem é dia 22 de abril, percebi que não acontecem grandes coisas nos dias de quarentena. Mas o motivo pelo qual decidi encerrar aqui o livro sobre 2020 é tanto a urgência que este livro seja publicado junto com o outro quanto pelo fato que, bom, hoje é 14 de maio, mas por volta do dia 30 de abril e primeiro de maio foram os dias em que minha mãe foi fecundada pelo meu pai para me gerar há 34 anos, Jesus morreu aos 33 e, imagino que depois dessa idade eu seria incapaz de ter coerência ou mesmo dever de escrever qualquer coisa. Mas hoje abri uma exceção que talvez faça todos me verem como um homem estúpido. Li recentemente no livro Pós Modernismo de Friedrich Jameson que o que marca o momento pós moderno, que começou por volta dos anos 70, é a falta de precedentes históricos para explicar as explosões culturais pertencentes a essa época, tudo parece muito original e só podem ser vistos como casos isolados na maioria das vezes. Talvez por ter uma lógica única de funcionamento muitos dos inventos científicos dessa época seriam quase impossíveis de ser reinventados se a História solicitasse. Mas também o que imagino é que o que veio antes da pós modernidade (e da modernidade também) parece para a maioria das pessoas algo irracional ou até bárbaro. Mas eu acredito que o ser humano sempre tenha sido esperto em qualquer época da história, e não me parece nada irracional o modo de quarentena se não me engano antes da revolução industrial que vigorava, e é descrito por Foucault em Vigiar e Punir. Talvez não faça tão bem a economia mas teríamos erradicado a pandemia se tivéssemos nos aproveitado de tal método, mesmo que fosse obrigatório manter os mortos em casa por um tempo. (Felizmente temos métodos mais eficientes de informar as autoridades). Também a questão de eleger uma classe social para portar armas como na Idade Média. De novo eu imploro, não vejamos nossos ancestrais como bárbaros eles sabiam por que essa estruturação da sociedade era necessária para que pequenos feudos isolados aos poucos se digladiassem a uns e se uniam a outros até o surgimento do Estado Moderno em que a burguesia empobreceu os guerreiros e com slogans de valores que aparentemente são belos, na realidade aumentava a capacidade do Estado Nação de guerrear uma vez assumindo que qualquer pessoa (menos os agricultores) eram passíveis de serem chamados para ir pra guerra. Na atualidade eu escolheria os jornalistas para portarem armas pois eles são educados a farejar encrencas. Enfim, acho que não tenho mais nada a dizer. Me desejem sorte, é um ato meio suicida lançar meu livro do jeito que está, mas se você se sentiu ofendido por este livro, problema seu. (ou pior) não se preocupe, você provavelmente não está sozinho. Feliz aniversário bando de guerreiros.

Vinte e três de abril de 2020

Pandemia de COVID-19: Facebook exclui "pseudociência" e "teoria da conspiração" como opções para anúncios direcionados à medida que as críticas se acumulam contra as mídias sociais pelo aumento de desinformação sobre a Covid-19.

Certo, vamos até o aniversário do Rubs, é logo ali, dia 24. Queria dizer que mesmo não sendo o cara mais legal do mundo, o fato de ele entender a linguagem da computação já quebrou muito o galho aqui em casa. Além disso ele é o pai mais atencioso do mundo, mesmo que nunca tenha passado pela cabeça dele verificar o que há de valioso nas músicas que escuto, o CD da trilha sonora do Forrest Gump ficou com ele e eu imagino que nem ouvir ele foi capaz. Um dia minha sobrinha ainda vai me procurar pedindo socorro pelo tanto de música ruim que ele ouve.

Enfim, a notícia do dia 23. Pode ser que a questão mais perigosa nos tempos de covid nem seja a falsidade das informações. Estou mais preocupado se alguém está tentando expressar de qualquer maneira que seja, como os sentimentos individuais evoluíram, até que o assunto se tornasse indiferente, e quais foram os efeitos, principalmente na noção econômica, está difícil sincronizar os preços. Uma pizza das mais baratas, que antes da pandemia custava 35 reais, agora está 55, porém a mandioca (não sei quanto custava antigamente) até outro dia estava 30 reais o quilo, baixou pra 10 e... eu tenho fé no brasileiro, teremos um realinhamento saudável mesmo que muitos não tenham participado da rotação de cultura, mas mandemos os estrangeiros esperar a vez deles, o Centro oeste precisa com urgência que mudemos os alimentos a serem plantados. Sobre a concorrência, todo bom brasileiro sabe, e até deve ter se acostumado com isso, que quando vão às compras é preciso pesquisar e se preciso ir em três supermercados diferentes só pela diferença do preço. eu fui o mais longe que pude, no que se refere à história da pandemia, mas em agosto de 2022 ainda não me sinto seguro pra sair nas ruas, mas meu caso é meio excepcional, devo me manter em segurança o máximo que puder. Nos primeiros meses de 2022 surgiu a última variante, que felizmente não nos dizimou. Ainda se comenta de vez em quando sobre o assunto mas o que é certo é que os ministérios da Saúde de todo o mundo terá que incluir a vacina no índice das obrigatórias, não me informei sobre a melhor idade pra isso, e pode ser que tenhamos um período tranquilo pra imaginar o mundo pós apocalíptico. Imagino que a paz esteja próxima e... eu pelo menos imagino que o presidente da Rússia atual não queira se tornar tão aterrorizante quanto um Hitler. Talvez como o maior país da Europa ele até sinta uma necessidade benévola de distribuir o gás da Ucrânia com Equidade. A guerra do gás começou bem antes do imaginado.

Vinte e quatro de abril de 1984

Em meio à turbulência que tornaria vitoriosa a luta contra a ditadura, nascia Rubens, o grande irmão. Pra mim ele nunca foi nada divertido, já dizia Jacó, ele seria o maior em realeza. Nos vemos no ano 3000.

Primeiro de dezembro de 2020

Após comerem um bolo inteiro, crianças fogem de casa e ficam perdidas.

Não havia melhor maneira de terminar esse livro.

II

OPACOLAPSO

A VIDA DE BARNEY

UMA PEQUENA PARÓDIA DO EVANGELHO DE BARNABE

Introdução   I

 Eu estava em meu quarto socando uma bronha quando ouvi a campainha tocar.
 Fui atender e vi um homem em uma cadeira de rodas. Ele tinha 7 estrelas e 7 nuvens na destra.
 Da sua língua antigamente se via uma espada de dois fios, capaz de ferir os bons e os maus. Mas agora ele pretendia ter uma língua colorida com a única intenção de indicar o caminho da salvação para qualquer ser humano.
 Já era esperado, velho demônio de aventuras a dois.   Das   antigas.
 Iniciou-se um dialogo entre dois demônios.
 E ele me disse, preste atenção no que digo para que você se lembre tudo o que eu disser sobre a razão de ser de Lúcifer, e assim salvarás tua alma da mortalidade, pois você será um imortal, pois não tenho prova nenhuma sobre o que desconfiei que você tivesse feito contra mim. E o que fizeste de mal serviu na trajetória da minha vida para um propósito bom. E essa deve ter sido a única ocasião na história em que a maldade serviu para alguma coisa. Ou você pode sintetizar baseado na sua vida, experiencias, etc o que você conhece melhor do que eu: a mente de Lúcifer. Para que tendo esclarecido seu caráter ele nunca volte a se repetir na Terra. Então foi me revelado 7 temas para serem desenvolvidos em 7 paginas.

 I   -   A   revelação   Fracassada

 O que vem a seguir poderia estar escrito na introdução do livro. Devo confessar que nada disso aconteceu como foi descrito, mas houve mesmo esse encontro. E foi quando Ricardo Japonös se deu conta de que poderia brotar do texto de 3 pessoas um livro sagrado. Bom, Caio Emanuel não é uma pessoa fácil de se lidar, talvez eu também não seja, o erro de Ricardo foi ter dito a Caio Emanuel que ele seria a pessoa certa caso tivesse culpa em um evento mencionado no outro livro, e assim Ricardo se deu conta que qualquer que tivesse sido o caso, Caio não responderia, mas ele achou engraçado eu ter mencionado que ele estava socando uma bronha, eu sei, isso é o tipo de coisa que de modo algum deveria estar em um livro sobre coisas que tem pretensão de ser sérias. Se ele errou, o peso deve estar naturalmente sobre as costas dele, os pecados foram inventados para as pessoas saberem o limite da ação, alguém por conta própria deve ter cometido-os e sentido o dano que isso causa à vida antes que Moisés os tivesse enumerado. E acho que Nietzsche também diz que em certo ponto da vida poucos são os que viveram o suficiente pra fundar a própria moral, e ser o melhor exemplo a ser seguido. Li em um livro de Quevedo que há aqueles que acham que a linguagem é uma fonte de malícia e de toda pedra de tropeço, se entre estes há algum capaz de descrever a realidade em que vive e não o faz, este deve ser reprovado. O livro Os Sonhos de Quevedo, como dito no prólogo não vale a pena ser lido duas vezes, é um espinho para nos alertar de nunca deixar de estar atento, e, por mínimo que seja, reflita se convém se defender do próximo. Para aqueles que amam a vida bom seria se todos fossem honestos, e aqueles que tem algo a escrever e não escrevem, estes devem ser reprovados. Pensando no bem e no mal que há de vir no final desse texto. Há situações em que para estreitar o caminho do bem as pessoas acabam condenando tudo o que é lúdico ou satírico. E também há a situação em que para além do bem e do mal as pessoas se endurecem e exigem do próximo mais do que o máximo da própria energia pra defender uma sociedade que inevitavelmente pereceria em combate contra o mundo. Mas para além do bem e do mal há o intragável, sujo, alguém que odeia estar vivo. Quando me deparei com a tarefa de dar continuidade ao livro de Barnabé (Sim, pensei que seria possível escrever um livro sobre a moral pensando em algum evangelho, uma vida paralela quem sabe... e acabei encontrando o livro de Barnabé. São mais de 200 capítulos mas apenas escrevi até o 67, não foi difícil, e tentei o máximo possível não ser simplesmente simétrico ao que foi escrito, mas acredito que faltou algo que Jesus nos ensinou mesmo nunca ter sido dito por ele. Honra, solenidade, nobreza, formalidade. AH! Acima de tudo, a sermos sérios. Mas numa sociedade complexa ninguém pode estar seguro de qualquer juízo ou autoridade a respeito do outro. Seriedade e autoridade raramente coexistem em um único indivíduo. Geralmente é melhor sentar no último banco da igreja ou nem mesmo ir à igreja.. Seriedade, atualmente o veneno que faz as pessoas sentirem-se melhor do que são também, mãe da hierarquia também é o que torna indivíduos incapazes de admitir erros enormes na frente dos próprios olhos. Seriedade, um meio de criar inibições ao diálogo por parte do aprendiz em relação ao mestre. É capaz de gerar padrões. O trabalho é o lugar em que o indivíduo coloca à prova a satisfação por poder existir. Porém as leis sempre engessam as iniciativas de espíritos mais livres, as vezes sem nenhuma justificativa (na verdade sim, tem uma justificativa: arrecadar impostos). O dever de trabalhar e tirar conclusões sobre o quanto as pessoas aguentam é o pior dos pecados já cometidos. Estabelecer uma quantidade de horas de trabalho, sem levar em consideração que existem pessoas com espirito demasiado cansados... Elas certamente conhecem a necessidade do trabalho, mas para cada um a dor nas costas e capacidade de concentração tem um tempo diferente. Se há algo que deve ser levado a sério, trata-se da sobrevivência. Em compensação não há nada tão belo quanto o sorriso espontâneo dos humildes e honestos. Obviamente levo a sério esse livro, se não levasse não teria prolongado a vigília noturna pra escolher um nome, mas tenho mais uns 15 dias pra isso. Enfim, houve uma sincronicidade na formulação desse livro. Quando eu estava pensando no nome dos personagens, quando eu estava começando a escrever li o livro Cristianismo de Diarmaid McCuloch, e li num dos primeiros capítulos o comentário sobre Junia, que não era possível pelas escrituras saber se era um homem ou uma mulher, mas foi a faísca que ascendeu em meu cérebro de colocar somente nomes engraçados nos personagens. Enfim... se isso um dia servir para alguém dar continuidade, não se esqueçam de ler História da vida privada antes. Mais uma coisa sobre Caio Emanuel. Ele me disse, e é o que eu sinto. Somos iguaizinhos um ao outro, por isso foi tão difícil lidar com ele todo o tempo que convivemos um com o outro. Mas acho que nos tornamos diferentes um do outro em algum ponto. Aprendi a amar a terra e os humanos. Talvez isso tenha sido um desafio da freira da escola da qual me retirei, a freira diretora me perguntou, se deus não existe, por que existimos? Eu poderia responder: para ser um pentelho que derruba muralhas em sonho, mas devia existir algo mais sério, pois não posso ser indiferente a todas as dores do mundo.

Não se preocupem, o texto a seguir pode ser que não determine nada no futuro. Então por que colocar a palavra religião no título do livro? Na verdade tenho fé nos personagens do último capítulo. Mas entendam, o que escrevi não corresponde em nada ao meu amor e ódio.

Introdução (II)

"Quem pensas que é para entrar em minha morada?" era a voz de uma criança que saía da figura que tanta luz colorida irradiava sentado em seu trono sanitário. "Por que ele resolveu me chamar bem na hora em que estava cagando?" pensou primeiro o idiota no templo sagrado do reino celeste, onde ninguém é permitido entrar. "Sou apenas um limpador de banheiros, os anjos na entrada disseram que o senhor precisava de ajuda pra consertar sua foça sanitária, então me convidaram a entrar para resolver seu problema, mas como eles poderiam saber que fui convidado em má hora se nem eles podem entrar aqui?" "Não há como evitar, passo a maior parte do dia soltando um barro mesmo, foi de uma dessas cagadas que surgiu o homem, eu precisava mesmo quebrar essa regra que proíbe a entrada no templo, não sei exatamente por que, mas já que entraste..." Foi a resposta do senhor supremo da luz. "Viste minha luz. A ninguém é permitido que veja minha luz, então terei que enviá-lo de volta ao purgatório. O ano é o da vinda da ultima semente de Davi, uma virgem foi estuprada por um homem da tribo de Zebulon, e para não criar problemas, casou-se com o ultimo descendente da linhagem de Davi.

E lhe disse que fora engravidada por um anjo de Deus, e seu filho reinará o mundo pelos séculos dos séculos. Muito trabalho terei para sustentar esse pirralho e torná-lo rei dos reis, tudo por causa de uma mentira pelo bem da verdade, mas não há também outro modo de derrubar o império que escraviza o povo judeu. Apesar de sua bela poesia, o povo romano é de uma arrogância e frieza que jamais vi em um povo, a humanidade necessita de um tempo de calmaria antes de começar o trabalho que a levará ao apogeu. Mas se você fizer um bom trabalho em meu banheiro posso te conceder um desejo." "Quero ficar rico sendo profeta." "Tudo bem, não sabes que entre os habitantes do paraíso celestial te escolhi para grandes missões também, acho que foi por esse motivo que o chamei, mas ninguém fará sua vontade. Tu és o primeiro e o último, grande sabedoria terás em suas próximas vidas, mas suas dores emocionais serão as mais insuportáveis, mas primeiro me ajude a consertar a foça sanitária."

Ao olhar para a foça sanitária, viu uma grande quantidade de esterco semelhante ao esterco do cavalo e um cheiro celestial de balsamo saia da foça. Então o idiota disse ao senhor supremo da luz: "Quando tiveres vontade de cagar, mude sua forma para a de um cavalo pégaso e vá fertilizar as terras do paraíso e permita que todos visitem sua santa morada." "Não posso permitir que os habitantes do paraíso entrem nesse templo, as visões que elas podem ter ao aproximarem-se de mim pode perturbá-las de modo irreversível. Mas não seria má ideia começar a defecar em sacos de estopas e enquanto todos dormem enviar meus anjos para distribuir os sacos contendo minha merda no celeiro dos camponeses do paraíso. Vá

e cumpra sua missão." "Qual a minha missão?"
"Ser livre". (Agora vem as duas introduções do
Evangelho Secreto de Barnabé)

(Barnabé I) Verdadeiro Evangelho de Jesus, o
Cristo, um novo profeta enviado por Deus para
o mundo: de acordo com a descrição de Barnabé,
seu apóstolo.

Barnabé, apóstolo de Jesus o Nazareno, o
Cristo. Paz e consolação para todos aqueles
que habitam sobre a terra.
Amados, o Grandioso e maravilhoso Deus
tem, durante estes dias passados visitado a
nós através do seu profeta Jesus Cristo com
grande misericórdia através de ensinamentos e
milagres, por razão de que muitos, sendo
enganados por Satanás. Sob a pretensão de
piedade, estão pregando a mais ímpia doutrina,
chamando Jesus de filho de Deus, repudiando a
circuncisão prescrita por Deus para sempre, e
servindo-se toda carne impura: sobre a qual
até mesmo Paulo foi enganado, sobre isso falo
mas não sem tristeza; e por isso escrevo a
verdade que vi e ouvi, no meio tempo que
estive com Jesus, de modo que possais ser
salvos e não enganados de Satanás, e pereçam
diante do julgamento de Deus. Estejam pois
atentos a respeito daqueles que pregam a vocÊ
uma nova doutrina contrária ao que escrevo,
para que seja eternamente salvo. Que o
glorioso Deus esteja com você, e o proteja de
Satanás e todo mal. Amém.

(Barnabé II) Abertura - Verdadeiro Evangelho
de Jesus, o Cristo, um novo profeta enviado
por Deus ao mundo: de acordo com a descrição
de Barnabé, seu apóstolo.

Barnabé, apóstolo de Jesus, o Nazareno, o Cristo, para todos que habitam sobre a terra, deseja a vós paz e consolação.

Amados, o Grandioso e maravilhoso Deus nos visitou durante estes últimos dias através do profeta Jesus Cristo em grande misericórdia, com ensinamentos e milagres. Pelo motivo de que muitos, sendo enganados por Satanás, sob a presença da piedade, estão pregando a mais ímpia doutrina, chamando Jesus de filho de Deus, repudiando a circuncisão ordenada pro Deus por todo o sempre, e consumindo toda carne suja: entre os quais mesmo Paulo fora enganado. Sobre isso falo mas não sem tristeza; Por essa razão escrevo que a verdade que vi e ouvi, no período que passei com Jesus, de modo que possais ser salvo, e não enganado por Satanás e também não pereça diante do julgamento de Deus. Esteja pois alerta a respeito de todos que pregam a você uma nova doutrina contrária a esta que prego, e assim será salvo eternamente. Que o grandioso Deus esteja com você e proteja-te em relação a Satanás e de todo mal. Ámen.

Capítulo 1 (Jesus) O anjo Gabriel visita a Virgem Maria para lhe dizer a respeito do nascimento de Jesus.

Nestes últimos anos uma virgem chamada Maria, da linhagem de Davi, da tribo de Judá, foi visitada pelo anjo Gabriel, ordenado por Deus. Esta virgem, vivendo em toda santidade, sem ofensa, irrepreensível, e permanentemente entre orações e jeju,, estando um dia sozinha, entrou em sua Câmara o anjo Gabriel, e ele a cumprimentou, dizendo: "Deus esteja contigo, oh Maria.

A virgem se assustou diante do

aparecimento do anjo; porém o anjo a confortou, dizendo: "Nada temas, Maria, pois tu foi encontrada para merecer o favor de Deus, que a escolheu para ser mãe de um profeta, que será enviado ao povo de Israel de modo que este aja de acordo com suas leis, e com a verdade do coração."

A virgem respondeu: Como trarei filhos ao mundo, sendo que não conheço nenhum homem?" O anjo respondeu: Oh, Maria, Deus que criou o homem sem um homem é capaz de gerar em você um homem sem o homem. Pois para ele nada é impossível."

Maria respondeu: "Sei que Deus é todo poderoso, portanto a vontade dele será feita." O anjo respondeu: "que seja agora concebido em ti o profeta, que deverá ser chamado Jesus: e tu o manterás afastado do vinho e bebida forte e de toda carne imunda, pois a criança é consagrada de Deus." Maria curvou-se com humildade, dizendo:

"Olhai aquele feito pelas mãos de Deus,que isso seja feito de acordo com tua palavra."

O anjo partiu, e a virgem glorificou Deus, dizendo: "Conheça, alma minha, a grandeza de Deus, e exulte, espírito meu, em Deus meu salvador; pois ele reconheceu a humildade de sua serva, de tal modo que me considerarão bendita todas as nações, pois aquele que poderoso me tornou grandiosa, e abençoada pelo seu santo nome. Pois sua misericórdia se estende de geração em geração para aqueles que o temem. Com poder ele fez por sua mão, e tem espalhado o orgulhoso na imaginação do seu coração. Ele tem derrubado os poderosos de seus assentos, e exaltou os humildes. Aquele que tinha fome foi saciado com coisas boas, e dispensou os ricos de mãos vazias. Pois ele mantém na memória as promessas feitas a Abraão e seu filho para sempre.

Capítulo 1 (Barney) O duende flagra a hermafrodita Junia para lhe falar sobre o nascimento de Barney

Nesses últimos anos uma hermafrodita chamada Junia, de linhagem desconhecida, da tribo dos punks, foi vista pelo duende Lonoel tomando banho na mais escondida e inacessível fonte de águas de Israel. Esta hermafrodita, vivendo em completa vergonha e se auto destruindo, e blasfemando contra deus e comendo loucamente para se tornar obesa e repudiável para qualquer homem. Estando ela sozinha eis que ela se deparou com o duende Lonoel e percebeu que ele tinha reparado em seu segredo.

E ele a cumprimentou dizendo: "Opa, que os duendes da floresta te acompanhem, Junia." A hermafrodita se assustou ao notar que o duende Lonoel havia visto suas duas partes intimas, mas o duende a confortou, dizendo: "Não te envergonhes, Junia, pois podes ainda ter um filho mesmo com uma aberração no lugar dos seus órgãos genitais, sem que ninguém além de mim saiba disso. Serás a mãe de um auxiliar secreto de um profeta que está nesse momento sendo concebido por um anjo.

A hermafrodita respondeu: "Mas como posso ter filhos se não posso mostrar meus órgãos genitais a um homem, pretendes que eu tenha um filho com você? Nem pensar, um duende não pode engravidar seres humanos." E o duende respondeu, "Junia, tua mão tem poder para gerar um filho de si própria em si própria, pois para quem pensa, não há problema insolúvel."

Junia respondeu ao duende Lonoel: "entendo onde queres chegar, permitirei que suas mãos masturbem meu pênis e enfie o dedo encharcado de semen em minha vagina." "Sua vontade será feita, disse o duende Lonoel, que seja concebido o auxiliar secreto do profeta, que se chamará Barney, e você deve deixá-lo livre para desenvolver a curiosidade, sem nunca ensinar a ele nenhuma obrigação pois sendo livre e curioso ele descobrirá os caminhos mais fáceis para se dar bem na vida, mesmo levando alguns tombos. E quanto ao parto, não se preocupe, pois se o filho foi feito pelas suas próprias mãos será capaz de sair pelas mãos dele mesmo sem qualquer ajuda de um obstetra".

Ao terminar de ser dito isso ambos partiram para a ação. E depois o duende Lonoel desapareceu no meio do mato. E a hermafrodita pensou: "louvada seja minha gordura, pois esconderá minha gravidez enquanto eu tiver que trabalhar como uma condenada escondendo minha gravidez, para juntar dinheiro para mudar de cidade e alugar uma casa simples onde morar com meu filho dizendo que sou viúva, além disso a criança não terá um pai. Maldição, como fui ingenua."

Capítulo 2 (Jesus) O alerta do anjo Gabriel dado a José a respeito da concepção da Virgem Maria.

Maria, vindo a conhecer a vontade de Deus, temendo o povo, que deveria encarar como ofensa o fato de ela ter se engravidado, poderia apedrejá-la por ser culpada de fornicação, escolhe um companheiro da sua própria linhagem, um homem chamado José, de vida irrepreensível: pois ele como homem correto temia a Deus e o servia com jejuns e orações, vivendo pelos trabalhos das próprias mãos, pois era ele carpinteiro. Conhecendo tal homem, a Virgem o escolheu como companheiro e revelou a ele o conselho divino.

Sendo José um homem correto, quando notou que Maria estava gravida, pensou em dispensá-la, pois ele temia a Deus. E vejam, enquanto ele dormia, ele foi repreendido pelo anjo de Deus, dizendo "Oh José, por que pensaste em dispensar Maria tua esposa? Saiba que o que quer que tenha sido escrito sobre ela foi feito pela vontade de Deus. A virgem dará a luz a um filho, que se chamará Jesus; que você o manterá afastado do vinho e bebidas fortes e de toda carne imunda, pois ele é o abençoado de Deus, aquele que é trazido no ventre da mãe. Ele é um profeta de Deus, enviado ao povo de Israel, de modo que ele deve converter Judá ao seu coração, e Israel irá andar sob a lei de Deus, como está escrito na lei de Moisés. Ele virá com grande poder, o qual Deus o dará, e fará grandes milagres, através dos quais muitos serão salvos. José, ao acordar, agradeceu a Deus, e viveu com Maria pelo resto da vida, servindo a Deus com toda sinceridade.

Capítulo 2 (Barney) O anuncio do duende Lonoel a Zácarus a respeito do estupro da hermafrodita Junia

Junia não estava preocupada com a culpa diante das pessoas por fornicação. Só com o fato de que a criança não teria um pai. Mas era amiga de um fabricante de carroças chamado Zácarus. E Zácarus era viúvo da mulher mais feia da cidade, então Junia pensou que ele era um homem sem preconceitos. Mas como explicar pra ele sua gravidez? Então resolveu revelar a verdade a ele, que ela era hermafrodita e tinha se autofecundado e precisava de um pai para a criança. Mas acontece que o duende Lonoel já tinha outro plano para unir Junia a Zácarus.

Então o duende Lonoel foi até a casa de Zácarus e disse: Zácarus, eu imploro pela sua compreensão, Junia foi estuprada e deve ter engravidado! Você precisa consolá-la e se dispor a cuidar da criança. Logo depois que o duende Lonoel saiu da casa de Zácarus, Chegou Junia, e confessou a Zácarus o que ela já havia planejado confessar. Que ela era hermafrodita e o duende Lonoel a convenceu a se autofecundar. Zácarus então disse: Junia, não se preocupe, sempre notei que havia um volume estranho no lugar das suas partes intimas. Maldito seja o duende Lonoel por ter mentido para mim antes de você chegar e ter tramado sua autofecundação. Já há algum tempo eu ando flertando com você, não percebeste? Eu mesmo poderia ter sido o pai dessa criança, sempre tive a curiosidade de me envolver amorosamente com uma hermafrodita. Cuidarei dessa criança como se fosse meu próprio filho, mas ao mesmo tempo triste por saber que ele de fato não é.

Capítulo 3 (Jesus) Maravilhoso nascimento de Jesus, e o aparecimento de anjos louvando a Deus

Na Judeia reinava Herodes, por decreto de Cesar Augusto, e Pilatos era governante no sacerdócio de Annas e Caiafas. Sob o qual, por decreto de Augustus, todo o povo foi registrado; e cada pessoa foi para seu próprio território para ser registrado. José, como de acordo partiu de Nazaré, cidade da Galiléia, junto com Maria, sua esposa grávida, e foram para Belém (pois esta era sua cidade e ele era da linhagem de Davi), de modo qie ele pudesse ser registrado de acordo com o decreto de Cesar. José chegando em Belém, e a cidade era pequena, e imensa era a multidão entre eles que eram estrangeiros. Ele não encontrou lugar onde ficar, portanto ele se abrigou fora da cidade em um alojamento feito para abrigar rebanhos. Enquanto José se abrigou por lá os dias chegaram em que Maria daria a luz.

A virgem estava rodeada por uma luz de excedente brilho, e trouxe o filho a luz sem dor, e pegou-o nos braços, e enrolando-o com uma faixa, deixou-o na manjedoura, pois não havia vaga na pousada. E para lá foram os anjos com grande alegria e louvando a Deus, e anunciando paz para aqueles que temem Deus. Maria e José louvaram o Senhor pelo nascimento de Jesus, e com grande regozijo o alimentaram.

Capítulo 3 (Barney) Nascimento de Barney

E naquele tempo reinava na Judéia Herodes, pelo decreto de Cesar Augusto, e Pilatos era governador no sacerdócio de Annas e Caifas. De modo que por decreto de Augusto, todo o mundo era catalogado no censo. Assim todo mundo foi pra sua própria pátria, e se apresentavam de acordo com a tribo a que pertenciam. De acordo com o Decreto Zácarus partiu de Nazaré, cidade da Galiléia, com sua esposa Junia, gravida de si mesma, para ir ao território de Gad ao qual pertencia para se registrar no censo de Cesar, e a cidade era amontoada de policiais que suspeitaram da aparência de Junia, que era uma jovem punk, e não sabendo o caminho para o hospital foi perguntar a um homem suspeito onde ficava o hospital, e ele a levou, logo um policial os abordou e encontrou drogas com o homem que levava o casal para o hospital. E os 3 foram para a prisão. E nos dias em que Zácarus e Junia estiveram na prisão foram os dias em que o menino Barney estava para nascer. Por insultar um policial que a ofendeu por ser obesa, Junia replicou xingando-o de gasumbor, o pior modo de ofender alguém no antigo hebraico, Junia foi para a solitária onde prevalecia a escuridão, e como foi dito pelo duende Lonoel, o bebê sairia do útero de Junia com as próprias mãos, sem que ela sentisse dor. E assim foi. E amarrando-o com papel higiênico, deitou-o na bacia higiênica da cela, Naquele exato momento começou uma rebelião na prisão e os presos foram bem sucedidos e conseguiram libertar a família de Junia junto com o menino Barney. Grande alívio eles sentiram pela coincidência, mas que grande infortúnio foi a criança ter nascido logo na prisão.

Capítulo 4 (Jesus) Os anjos anunciam aos pastores o nascimento de Jesus, e estes, quando o encontraram, o anunciam.

Naquele tempo os pastores estavam observando seus respectivos rebanhos, como de costume. E, vejam! Uma luz excedentemente brilhante os cercou, e de lá apareceu a eles um anjo, que louvou a Deus, Os pastores se encheram de temor, em decorrência of repentina luz c o aparecimento do anjo, portanto o anjo do Senhor os confortou, dizendo:
Vejam, Eu anuncio a vós grande alegria, pois nasceu nessa cidade de Davi uma criança que é um profeta do senhor; que traz muitos

atos de salvação para a casa de Israel. A criança que encontrarão na manjedoura, com sua mãe, que louva a Deus."

E quando ele disse isso apareceu uma enorme multidão de anjos louvando a Deus, anunciando paz a todos que tem boa vontade. Quando os anjos se dispersaram, os pastores falaram entre si, dizendo: "Deixe-nos também ir para Belém, para que vejamos a palavra que Deus através do seu anjo nos anunciou." Vieram muitos pastores a Belém, procurando o recém nascido. E eles encontraram fora da cidade a criança que nasceu, de acordo com a palavra do anjo. Deitado numa manjedoura.

Eles então fizeram reverência a ele, e para a mãe dele deram o que tinham, anunciando a ela o que eles haviam ouvido e visto. Maria então manteve tudo isso guardado no coração, e do mesmo jeito José, agradecendo a Deus. Os pastores voltaram para seus respectivos rebanhos, anunciando a todos o tão grandioso evento eles tinham visto. E assim todo a terra nas montanhas da Judeia se encheram de medo, e todo homem guardou a palavra no coração, dizendo "O que, poderíamos pensar, se tornará essa criança?

Capitulo 4 (Barney)

Mas calma lá, os policiais ainda estavam por toda parte a procura dos fugitivos. Então Alas! eles viram o duende Lonoel brotar da terra, e os policiais ficaram com medo. E o duende os amaldiçoou dizendo:

Canalhas, anuncio a vocês uma grande maldição, pois nessa prisão nasceu uma criança que há de se tornar o maior bandido da Terra, que caça os policiais a noite como um lobo e praticará todo tipo de tráfico e pilhagem.

Vejam vocês mesmos no colo daquela mulher inocente que vocês prenderam.

E quando Lonoel disse isso uma grande multidão de duendes saiu da terra mordendo os calcanhares dos policiais. Quando os policiais se dispersaram apavorados, os duendes disseram entre si: " Vamos até lá ver a criança que acaba de nascer." E muitos duendes cercaram Zácarus e Junia, e notaram que o bebê tinha a cara de Zácarus, com barba e tudo.

Os duendes então ficaram sérios, e deram a Zácarus o que ele precisava, uma lamina de barbear, anunciando a ela o que eles tinham visto e ouvido. E Junia guardou toda a barba do recém nascido numa bolsa como prova de sua benção. E Zácarus agradeceu a Deus também por ter dado à Junia um filho semelhante ao pai adotivo.

Os policiais voltaram para a delegacia dizendo a todos o que eles haviam acabado de ver. E então todo o batalhão se estremeceu, pensando em seus corações: Que tipo de débil mental há de se tornar uma criança nascida com barba na prisão?

Capítulo 5 (Jesus) Circuncisão de Jesus

Passaram-se oito dias, e de acordo com a lei de Deus, como está escrito no livro de Moisés, a criança foi levada ao templo pra ser circuncidada. E foi-lhe dado o nome Jesus, como o anjo de Deus tinha dito antes de ser concebido no útero. Maria e José perceberam que a criança deveria existir para a salvação e ruína de muitos. Portanto eles temeram a Deus, e continuaram com a criança temendo a Deus.

Capitulo 5 (Barney) Circuncisão de Barney

Quando os oito dias se completaram de acordo com a lei de Deus, como está escrito no livro de Enoque, eles levaram a criança ao templo para circuncidar. Então eles circuncidaram a criança, e deram o nome de Barney ao menino, como foi dito pelo duende Lonoel antes de ele ter sido concebido. Junia e Zacarus perceberam que aquela criança teria necessidades, e mesmo criada em liberdade total encontraria o caminho para a salvação e ruína de muitos. De qualquer jeito eles temeram a Deus, e cuidaram da criança com temor a Deus.

Capítulo 6 (Jesus) Três reis magos são guiados por uma estrela no leste até a Judeia, e, encontrando Jesus, o reverenciam e lhe dão presentes   .

No reino de Herodes, rei da Judeia, quando Jesus nasceu, três magos da região leste estavam observando as estrelas do céu. Então apareceu a eles uma estrela de grande brilho, a partir da qual concluíram entre eles, foram para a Judeia, guiados pela estrela, a qual ia a frente deles, e tendo chegado a Jerusalém, eles perguntaram onde havia nascido o Rei dos Judeus. E quando Herodes ouviu isso ele se amedrontou, e toda a cidade estava encrencada. Herodes portanto chamou os sacerdotes e escribas para se juntarem, dizendo: "Onde deve ter nascido o Cristo?" Eles responderam que ele deveria ter nascido em Belém; pois assim está escrito pelo profeta: "E tu, Belém, não és menor entre os príncipes de Judá: pois de ti se destacará um líder, que irá liderar o povo de Israel."
Adequadamente Herodes convocou juntos os

magos e perguntou a eles a respeito da chegada deles: e estes responderam que eles tinham visto uma estrela no leste, a qual guiou-os até ali, e por fim eles decidiram reverenciar com presentes este novo Rei apontado pela estrela.

Então Herodes disse: Vão vós a Belém e procurai com toda diligência saber a respeito da criança; e quando a encontrarem, venham e tragam a mim, pois eu também viria faminto e o adoraria" E isso ele disse de modo enganoso.

Capítulo 7 (Jesus) A visita a Jesus pelos magos, e o retorno para seus devidos territórios, com o alerta de Jesus dado a eles em sonho.

Os magos portanto debandaram de Jerusalém, e, wow, a estrela que apareceu a eles no leste fora atrás deles. Vendo a estrelas os magos se encheram de contentamento. E então, chegando a Belém, na parte exterior da cidade, eles viram a estrela parada sobre o alojamento onde Jesus havia nascido. E os magos foram até lá, e entrando na moradia encontraram a criança com sua mãe, e dobrando-se eles prestaram reverência à criança. E os magos deram a ele de presente temperos, prata e ouro, contando à virgem o que eles tinham visto. Portanto, enquanto dormiam, eles foram alertados pela criança a não retornar a Herodes: e partindo por outro caminho eles retornaram para a terra deles, anunciando tudo o que tinham visto na Judeia.

Capítulo 7 (Barney) A visita de Barney por 3 mendigos.

E 3 mendigos, Um Furubum, Doisberto e Trestetas estavam fazendo cera na praça da cidade onde a família de Barney finalmente encontrou abrigo numa pensão e entre as pombas pretas os mendigos encontraram uma pomba branca carregando uma moeda no bico, e resolveram segui-la, e foram parar bem na pensão onde a família de Barney se hospedava. Os mendigos então viram sair da pensão Zacarus e Junia com o bebê e a pomba foi capturada, E vendo uma grande neblina luminosa ao redor deles notaram que Zacarus poderia ser o parceiro de uma partida de truco que eles precisavam, já que o truco exige 4 jogadores, e os mendigos estavam em 3. E também notaram a presença do bebê e se lamentaram por não ter nenhum presente a ele, então Junia disse: não se preocupem, vocês trouxeram a pomba que comeremos no jantar. E os mendigos perguntou ao casal se algum dos dois sabia jogar truco. E ambos disseram que sabiam, e desafiaram Um Furubum e Doisberto para uma partida. E Zacarus e Junia fizeram uma proposta aos mendigos: eles poderiam ficar com a moeda, mas quem vencesse a partida ficaria com o baralho. E os mendigos aceitaram. E não é que Zacarus e Junia venceram a partida? Mas os mendigos estavam constrangidos por estarem em 3 e só terem podido dar 2 presentes à criança, então Trestetas sacou de sua bolsa sementes de tabaco dizendo: Essa planta por um tempo alivia a ansiedade quando queimada, mas não deixem ele fumar mais do que um cigarro por dia depois que ele fizer 18 anos. pode ser boa para o menino relaxar. Além disso, temos más notícias, o Rei Herodes soube do nascimento de uma criança sagrada em Israel e pretende matar todos os bebês de Israel, lemos isso nas cartas. É melhor vocês se esconderem.

Capítulo 8 (Jesus) Jesus é carregado em fuga para o Egito, e Herodes massacra crianças inocentes.

Ao notar que os magos não retornaram, Herodes acreditou ter sido trapaceado por eles; e portanto determinou que a criança que havia nascido fosse morta. Mas vejam, enquanto José dormia o anjo do Senhor apareceu a ele, dizendo: "Levante-se rápido, e achegue-se a tua mulher e filho, vós deveis ir para o Egito, pois Herodes pretende matar a criança." José levantou com muito medo, e levou Maria com a criança. E eles foram para o Egito, e lá eles se abrigaram até a morte de Herodes: ele que, acreditando a si mesmo trapaceado pelos magos, enviou soldados para matar todo recém nascido em Belém. Os soldados, portanto, mataram todas as crianças daquela cidade, do modo como Herodes ordenou. Daí fora cumpridas as palavras do profeta, dizendo: "Lamentarão, e grande choro se encontra em Ramah, Raquel lamenta pelos seus filhos, mas consolo não lhe é dado pois nada seria capaz de consolá-la.

Capítulo 8 (Barney) Barney e sua família se escondem

Então começou o massacre dos bebês pelos soldados de Herodes, pois ele estava disposto a matar o Messias. Quanto à família de Barney, aconteceu logo depois que os mendigos partiram que o duende Lonoel apareceu a Zacarus e Junia com o bebê e disse: sigam me, e eles o seguiram até um poço onde Lonoel pediu para eles entrarem, e eles entraram e encontraram dentro do poço um grande bunker cheio de mantimentos, o suficiente para mantê-los vivos até a morte de Herodes, bunker este que o duende Lonoel disse ser a morada dos duendes, e lá eles moraram até que o duende Lonoel reaparecesse com a notícia da morte de Herodes. E nesse ponto o autor, que resolveu começar a escrever esse livro sem antes ler inteiro o livro de Barnabé, em face do desafio de traçar em paralelo a vida de Barney à vida de Jesus enxergou a verdade do velho ditado: "Quem ri por último é porque não entendeu a piada".

Capítulo 9 (Jesus) Jesus, tendo retornado à Judeia, encara uma maravilhosa disputa com os doutores, aos doze anos.

Quando Herodes veio a morrer, vejam só, o anjo do Senhor apareceu em sonho a José, dizendo: "retorne à Judeia, pois já estão mortos aqueles que queriam a morte da criança." Então José se juntou à criança com Maria (Jesus contava com a idade de sete anos), e voltou para a Judeia; de onde, ouvindo que Arquelau, filho de Herodes, reinava na Judeia, José e sua família foram para a Galileia, temendo continuar na Judeia; e foram eles morar em Nazaré. A criança cresceu em graça e sabedoria diante de Deus e dos homens.

Havendo chegado à idade de doze anos, Jesus foi com Maria e José para Jerusalém, para venerar o lugar de acordo com a lei do Senhor, escrita no livro de Moisés. Quando as orações se encerraram eles partiram, tendo perdido Jesus de vista, pois eles pensaram que ele havia retornado para casa com seus

parentes. Maria voltou com José para Jerusalém, procurando Jesus entre os parentes e vizinhos. No terceiro dia eles encontraram a criança no templo, em meio aos doutores, disputando com estes acerca da lei. E todos estavam impressionados com suas questões e respostas, dizendo: "Como pode haver tal doutrina nesse menino, pois ele é tão novo e não aprendeu a ler?"
Maria reprovou o menino, dizendo: "Filho, o que fizeste a nós? Veja, eu e seu pai o procuramos por três dias em tristeza" Jesus respondeu: "Não sabes tu que o serviço de Deus há de vir ante pai e mãe?" Jesus então voltou com sua mãe e José para Nazaré, e foi submisso a eles com humildade e reverência.

Capítulo 9 (Barney)

Então 7 anos se passaram, e a família de Barney permaneceu no poço sendo sustentada pelos duendes, até que um dia Lonoel apareceu sorridente diante deles e disse: Já se foi o disco voador, Herodes está morto. E a família se alegrou ao ouvir isso. E a família voltou para sua cidade de origem.
Quando Barney tinha 12 anos, foi com Zacarus e Junia para a festa dos tabernáculos, lá os pais de Barney deram a ele uma pequena quantidade de dinheiro pra comprar doces, e autorizaram que o menino fosse até o vendedor, e como Barney estava entediado saiu correndo da presença dos seus pais até encontrar um bar. E muito preocupados ficaram Zacarus e Junia, procurando-o no meio da multidão o filho perdido. E depois de 3 horas procurando Zacarus tomou uma decisão: "Quer saber, eu vou pro bar." E para lá foram Zacarus e Junia e encontraram o filho jogando truco com os

arruaceiros mais velhos e Barney tinha diante de si uma enorme quantidade de dinheiro ganha no truco.

Ao ver a cena Zacarus e Junia ficaram constrangidos pois os arruaceiros se maravilharam ao ver como o garoto era maroto no truco. E quando voltavam para casa Zacarus disse ao menino: Tudo bem, foi-nos dito que você deveria ser educado em total liberdade, mas o dinheiro não lhe pertence, pois não demos a você as moedas para apostar no truco, mas sim para comprar doces. Você nos desobedeceu. A partir de então Barney ficou um bom tempo sem voltar a jogar truco.

Capítulo 10 (Jesus)

Ao completar trinta anos, Jesus, como ele mesmo me disse, subiu o Monte das Oliveiras com sua mãe para pegar azeitonas. Então ao meio-dia, enquanto ele estava orando, veio a ele estas palavras: "Senhor, misericordioso…" ele estava cercado de um brilho excedente de luz, e uma infinita multidão de anjos, que diziam: "Abençoado seja Deus." O anjo Gabriel apresentou a ele algo como um espelho brilhante e um livro que desceu até o coração de Jesus, no qual estava contido o conhecimento do que Deus havia feito e o que havia dito e o que Deus queria tanto que tudo fosse apresentado abertamente, sem estar encoberto, como ele me disse: " Acredite Barnabé, que eu conheço todos os profetas com toda profecia, tanto que o que quer que eu diga o santo batismo vem também daquele livro."

Tendo recebido essa visão, e sabendo que ele era um profeta enviado para a casa de Israel, Jesus revelou tudo à Maria, sua mãe, contando a ela que é necessário que ele sofra grande perseguição pela honra de Deus, e que ele não poderia mais morar com ela e servir a ela. Portanto, ouvindo isso, Maria respondeu: "Filho. Antes de você ter nascido tudo me foi anunciado; portanto abençoado seja o santo nome de Deus. Jesus se retirou naquele dia da casa de sua mãe para atender seu ofício profético.

Capítulo 10 (Barney)

Ao completar 30 anos o duende Lonoel deu a Barney um espelho e o livro de Zaratustra, sobre o qual Lonoel disse ter sido um escrito do futuro, mas que caberia muito bem para fortalecer os homens do seu tempo. O nome do autor era engraçado: Nietzsche. Barney notou que pelo espelho ele podia ver um homem que ele nunca havia visto. E perguntou a Lonoel: "quem é este homem?" E Lonoel respondeu, este é o profeta enviado por Deus que você terá que acompanhar até a morte, e pelo espelho você poderá vê-lo o tempo todo. E você saberá onde encontrá-lo na hora certa.

Ao terminar de ler o livro de Zaratustra, Barney se deixou influenciar por ele e resolveu que iria viver recluso da sociedade, então disse sua intenção a Zácarus, e este não podia negar a vontade do filho pois assim havia lhes dito o duende Lonoel. E com pesar Zacarus preparou uma carroça e juntou mantimentos para a viagem de Barney.

Último capítulo (Barney)

E depois da crucificação de Jesus, Barney, se deu conta pela primeira vez na vida que não era livre por opção, mas pela vontade de Deus, e resolveu abdicar de sua liberdade provinda de todo o dinheiro que ganhara no truco e resolveu trabalhar no ofício de seu pai. Se deu conta que se as pessoas realmente fossem livres optariam por não trabalhar, e sem o trabalho não haveria o pão. Então o idiota tomou uma decisão: devo trabalhar até a morte, pois é assim que as pessoas se tornam dignas de serem amadas. Não importa por quantos dias, importa que minhas forças se esgotem até eu morrer de cansaço, e o sino que anuncia minha morte tocará junto com meu último golpe de martelo sobre a madeira. E foi assim por 40 dias, um trabalho incessante, um suicídio de cansaço. As carroças que o homem produzia não eram tão sofisticadas quanto as que os romanos produziam, eram tão velozes quanto, mas o custo de produção era bem mais baixo. E por curiosidade, Deus concedeu a ele o milagre da aceleração dos movimentos, de modo que o idiota conseguiu fabricar centenas de carroças sem dormir, até ficar cansado. Foi quando um anjo de Deus apareceu lhe oferecendo um cigarro para relaxar, e depois de refletir um pouco o idiota aceitou a tentação e caiu no sono no mesmo dia. Foram alguns dias sonhando com encontros, mas ao contrário dos sonhos ele sentia estar encarnado e conhecer o que se passava no coração das pessoas que encontrava.

E os sonhos foram:

Primeiro encontrava-se com um homem que resolvera morar em cima de um pilar. Ele gritou ao homem em cima do pilar: "É assim que pretende louvar o Rei dos reis? Não percebes que o pão que você come em cima do pilar foi produzido pelo trabalho de pessoas normais que não fazem questão de se mostrar mesmo como santas? Entendo sua necessidade de escapar do mundo, mas pelo menos faça o mínimo de trabalho para adquirir o pão, sua vaidade me incomoda, o que você está fazendo será mencionado apenas como uma demência hipócrita passageira da era cristã em um livro de História". Devo observar que houveram realmente homens que resolveram morar em cima de pilares para se abster do mundo, é citado no livro Christianity de Diarmaid McCuloch, mas não faço questão de pesquisar o nome do idealizador dessa iniciativa, mas o idiota não deu atenção ao fabricante de carroças. E isso ficou para a História.

Depois ele se viu diante do profeta analfabeto, da descendência de Ismael. Disse apenas por favor, precisamos conversar. E o profeta franziu as sobrancelhas e não deu atenção pois estava no momento conversando com um importante homem que poderia trazer aliados a sua doutrina. Há um capítulo do livro sagrado do povo do profeta analfabeto que se chama "ele franziu as sobrancelhas" mas não diz nada sobre o episódio, apenas repete frases de efeito no livro transcrito por seus discípulos dos seus discursos repetitivos. apenas biografias do profeta mencionam o episódio, mal sabia o quanto sua doutrina poderia ter sido enriquecida com os conselhos do idiota. Mas o profeta analfabeto teve sucesso do mesmo jeito.

Em seguida estava observando a conversa entre o Rei Ricardo Coração de Leão da Inglaterra e um homem que se dizia profeta, logo depois da cruzada empreendida pelo rei. O profeta dizia sobre a vinda do anticristo.

Curioso para saber o que o profeta havia dito, o idiota foi perguntar ao rei. Sabia que isso poderia atiçar a curiosidade da pessoa certa quando os tempos chegassem. Mas o Rei Ricardo disse não ter entendido a profecia. E provavelmente não pediu ao profeta para esclarecê-la em um livro. E isso gerou um mistério para a História.

Em seguida encontrou-se com um pregador humilde de família rica. Seu séquito fazia voto de pobreza, e isso era uma atitude nobre. Resolveu não dizer nada a ele pois nos outros encontros em que ele resolvera falar com seus interlocutores de nada adiantou, sabia que havia encantamento poético suficiente na vida do homem santo, mas quando perdeu o santo de vista ouviu uma voz no seu cérebro: "este homem enviará alguns dos seus discípulos para pregar entre os mouros, e isso lhes custará a vida." E o idiota percebeu que grande tragédia fora o fato de não ter vasculhado melhor o coração do homem santo.

Em seguida se encontrava com o Rei de Portugal, poucas gerações após a descoberta da América. O idiota lhe disse: "nem pense em se esconder na batalha contra os mouros, lute e volte para a sua pátria como herói." Em vez disso o rei se escondeu na batalha. E ao se darem conta de que o rei havia desaparecido resolveram acreditar que o rei poderia voltar para salvar seu povo. E essa crença messiânica teve repercussão até mesmo na América. Quando homens simples de Santa Catarina, Brasil, acreditaram em um homem que dizia que o rei estava prestes a voltar com um exército celeste contra os opressores. O povo acreditou, muitos perderam a vida na batalha contra o exército do governo, mas não podemos culpá-los por tamanha ingenuidade.

Em seguida estava o idiota diante de um padre reformista. Este pretendia escrever um livro sobre a religião cristã. O idiota conhecia as ideias principais do livro: trabalhar nas grandes obras e frugalidade, e nunca acreditar que já trabalhou o suficiente para merecer o reino dos céus. Se o sacerdote tivesse escrito 300 paginas reforçando essas ideias e denunciando a corrupção da Igreja regular ele poderia ter sido considerado o precursor da Idade das Luzes. Em vez disso ele escreveu 1400 paginas e poucos tiveram disposição para lê-lo. E muitos dos que se empenharam em ler as 1400 paginas se sentiram enrolados em diversas passagens, algumas eram até ridículas. E o esclarecimento sobre o que havia de melhor no livro só veio a luz séculos depois em um livro que tem mais notas de rodapé do que livro: a ética protestante e o espírito do capitalismo. Mas acho que tanto o sacerdote quanto Max Weber não conseguiram esclarecer pessoas o suficiente a respeito da nobreza da doutrina. E o Almanaque do Pobre Ricardo de Benjamin Franklyn também não se tornou um livro muito difundido fora dos Estados Unidos.

Depois o idiota se viu diante de um filósofo gordo e barbudo, além disso o filosofo estudava economia. O idiota disse: "Conheço sua obra, é excelente mas falha em um único ponto. Você profetiza a transformação da sociedade em duas etapas. Sabendo apenas disso muitos desistiriam de observar sua teoria antes de reprová-la". O filosofo respondeu: "Entendo, a abolição do estado depois da sociedade socialista. Acredito mesmo que isso pode acontecer." "É esse o ponto onde eu queria chegar, também acredito que um dia os homens não precisarão do Estado, mas será num futuro muito mais distante quanto você imagina, as pessoas se cansarão da organização do estado quando estiverem se preparando para preservar o mundo para os últimos homens, serão tempos difíceis, provavelmente quando alguns recursos naturais estiverem esgotados." "Acho que as pessoas de hoje que pretendo alcançar, seria até bom se elas se iludissem com a proximidade da sociedade sem Estado, e os outros que não enxergam cientificidade na minha profecia, não ligo que maldigam minha teoria, pois quanto mais maldizerem maior será a revolta da população que acredita em mim contra eles, e por um tempo pode ser que seja uma parcela significativa da sociedade." foi a resposta do filosofo. "Você tem razão, você escreve para os homens de depois de amanhã e não de amanhã, muitas reviravoltas politicas e culturais ainda devem acontecer antes de o mundo estar em condições de concluir que a exploração capitalista que leva ao super lucro não condiz (e não terá mais suporte) com o que a sociedade se tornará de fato: uma sociedade focada na reprodução onde o lugar da genialidade (que leva a criação dos produtos mais valorizados) estará esgotado, e todos terão um trabalho com mais ou menos o mesmo grau de dificuldade, risco e desgaste, não haverá lugar para o explorador, a não ser na industria automobilística enquanto as pessoas acreditarem no status que desencadeia ter um carro. Não sei se estou falando besteira." "O que é um carro?" perguntou o filosofo, pois no seu tempo ainda não o tinham inventado. "Talvez eu esteja dizendo besteira, carros são como carroças, semelhantes a trens, só que não se movem em trilhos. Muita gente se submeterá a trabalhar na industria automobilística porque o status do automóvel sempre levará as pessoas a super valorizá-los em vez dos livros, mas um dia também acabará o combustível. Sinto lhe informar que seu trabalho de decifração do sistema capitalista é inacessível para a mentalidade da maioria mas o fato de você tê-lo feito será motivo de grande respeito das pessoas por sua obra. Mas suas obras filosóficas podem fazer uma grande virada de águas na história." "Obrigado pela dica, eu poderia ficar até a morte tentando destrinchar o capitalismo sem nunca concluir que o trabalho está completo. Por fim acho que só falta reforçar pequenos pontos no último volume, mas depois do que você disse não estou mais tão preocupado se no final a obra estiver incompleta e aproveitarei mais a vida enquanto há tempo." disse o filosofo. "Acredito nas suas profecias, mas os profetas são as pessoas mais desprezadas da sociedade em seu tempo. Tudo virá na hora certa, e você é um herói." disse o idiota. "Se eu tivesse que fazer tudo de novo faria em você." foi a resposta do filósofo, e ambos caíram na gargalhada.

Em seguida o idiota viu-se diante de outro filosofo, bigodudo e inquieto. E lhe disse: "Parabéns, acabas de concluir sua obra mais importante sobre Zaratustra, é melhor não tentar dar nenhum passo adiante pois isso desencadearia grandes contradições, muitas crises de identidade e maldade surgirão no coração das pessoas quando você as convencer que o bem e o mal não existem, pois quando não tomamos partido de nada, estamos do lado do opressor e quem quiser ir além do bem e do mal, ficará preso na metade do caminho. Mas em uma coisa tens razão, as pessoas de amanhã terão que ser duras, mas suas próximas obras serão esquecidas ou tratadas como devaneios de um louco quando não houver mais necessidade de dureza entre as pessoas, e todos se conformarem com seu pequeno espaço que ocupa no mundo." "Quero que minha virtude seja o motivo da minha queda, tu cometerás o mesmo erro pois sabes que a reputação de um escritor não se consolida com um único livro, e escreverá para se distrair das dores de parto do novo mundo, para visitar mais uma vez o mundo da fantasia dionisíaca que o encanta, mas deixe bem claro que nada desse livro merecerá ser aproveitado se você o escrever (referindo-se ao livro A Vida de Barney.) Estou falando da sua próxima encarnação, mesmo que isso jamais tenha sido mencionado em meus escritos sobre a metafisica, algumas pessoas se consolam em pensar que terão uma segunda chance." "Realmente, esse filósofo enlouqueceu" pensou o idiota. Pensou em dizer também para o filosofo ter coragem para ir frequentar o trabalho nas fabricas, mas notou que a saúde do filosofo não era das melhores para isso.

Por ultimo o homem percebeu que ainda estava sonhando, mas não estava encarnado diante do personagem a sua frente. E notou que, assim como ele, o jovem tinha 7 cicatrizes de faca no braço direito. E era selvagem. E vivia em um mundo estranho, extremamente sofisticado. E dois destinos poderiam ser dados a ele, um seria a ruína e a perdição com seu primeiro amor, por ele ser um idiota, o outro seria o caminho glorioso mesmo que afetado por grandes dores emocionais. Mas a voz de criança disse em seu cérebro: "Este será você, cuidarei da sua vida e não terás escolha diante do que eu puser em seu caminho, mas tudo servirá para que você se torne respeitado pelo mundo inteiro. Observe os principais aspectos da vida desse jovem e elabore um livro que servirá tanto para favorecer a vitória de Cristo no tempo em que acordares, como para mudar o seu destino e orientar-se em sua próxima vida. Será uma grande aventura que fará as pessoas voltarem a acreditar que um Ser transcendente ainda cuida dos caminhos da história. Muitos já não entenderão o sentimento de redenção que o exemplo de Jesus oferece a quem o segue, as parábolas não farão sentido, e os milagres não serão prova de autoridade, mas de sorte por haver um Deus cuidando da vida dele. E por isso alguém terá que vir no lugar dele. Não se preocupe comigo, meus problemas intestinais já se resolveram, mas sei que voltarão quando eu tiver que cuidar do seu caminho, realmente as plantas estão dando mais frutos no paraíso depois do seu conselho, cuidar das coincidências da sua vida será a mais trabalhosa das minhas missões, portanto, quando a primeira parte da missão estiver concluída, o manterei em um lugar seguro, e não poderás mais andar. Ficarás em casa trabalhando para dar continuidade a sua obra e confirmá-lo como redentor." E depois de observar sua vida em outra encarnação e a dos que deveriam ser alertados o idiota elaborou 7 selos, que são 7 anjos que darão suporte a virada de eras com a ajuda do idiota. O resto da elaboração da profecia seria em parte para mantê-lo distraído, a parte que menciona sobre as duas bestas é importante também, e todo o resto seria ladainha sobre o fim do mundo, a volta de Cristo que nunca acontecerá, e há quem interprete que Satanás reinará por 1000 anos, nos tempos em que o homem perderá sua selvageria primordial, quando ia de encontro com as coisas mais elementares da natureza bruta e elaborava soluções rusticas para manter um lar, comida e roupas somente, em vez disso voltará a ser criança, distraída com joguinhos de video-game e um trabalho técnico que não compreende por inteiro. O último homem em plena liberdade julgará o que a humanidade deixou para ele, mas não se distraia, mantenha-se atento ao alerta que deverá dar ao ultimo Judeu, e juntos vocês elaborarão o livro que mudará seu destino na próxima vida.

Então Barney acordou, e se deu conta que passara muitos anos sonhando, pois agora tinha uma longa barba branca, era um ancião, e foi até a ilha de Patmos, onde encontrou João Evangelista e com ele elaborou o livro do Apocalipse.

Conclusão ao Opacolapso

E mostrou me um rio levemente poluído, nas margens da antiga praça e de um e outro lado do rio, estava o mato inútil e aleatório e duas toneladas de pés de papoula, que serve para cuidar da saúde dos homens, pois de sua essência se extrai o remédio para as dores do dente do ciso não extraído dos homens. E a partir daquele momento nunca mais haveria maldição, e lá estará o trono de um dos dois demônios. os dois últimos homens da face da Terra.

III

SOBRE POLÍTICA

0.   Preliminares   (Mensagens   a   Jair)

Ao   não   estimado   atual   presidente   Jair Bolsonaro, para que fique registrado o quanto batalhei   contra   sua   pessoa   e   tudo   o   que   o senhor   representa.

1

 O senhor sabe por que Sócrates foi condenado a morte? Por desvirtuar a juventude com ideias políticas. Vi   seu   vídeo   tentando   mostrar   a pessoas muito mais jovens que seu lado estava certo. Mas   o   que   é   a   Politica   de   fato?   Uma discussão de surdos que não nasceram com o dom da   perfeição   [imagina   uma   pessoa   refogando couve   e   decida   despejar   couve   crua   em   cima daquela que está quase pronta, geralmente um dos   lados   da   discussão   política   sente-se convicto de que nada de errado aconteceria se jogasse couve crua sobre a que está quase no ponto, quando é óbvio que a couve crua deve ser   refogada   separada   da   que   está   quase pronta, a discussão no interior da política quando   há   propostas   em   confronto   visa   a eliminar falácias desse tipo, de que a remessa de couve crua não levaria a couve quase no ponto a queimar se fossem misturadas, mas nem sempre as falácias são tão óbvias], alguns políticos também tem a habilidade de esconder fatos.   Enfim,   reprisando   o   que   eu   disse [anteriormente]: o senhor foi a pessoa que mais   teve   oportunidade   de   manipular   os resultados das urnas, pois ordenou que fossem violadas. [E quando Lula disse no debate que já havia ganho a eleição, imediatamente me dei conta,   se   o   senhor   Jair   ganhasse   toda   a oposição o atacaria por ter exigido a violação das   urnas   antes   das   eleições)   Talvez   não houvesse necessidade de fazer isso, e sua modéstia poderia [ou pode] ter levado o senhor à violação das urnas antes das eleições, simplesmente invertendo o resultado em alguns lugares. Enfim, não se deve amar os políticos. Se retirar de modo reservado e esperar o Lula fazer bobagem pode ser a melhor das opções, a última coisa que imagino que queiramos agora é uma população inflamada destruindo coisas e agredindo pessoas por causa de dois surdos que não se entendem (Eu e Jair como eu gostaria que fosse), em vez disso seria de grande proveito se a maioria da população tomasse discretamente a decisão de frequentar bibliotecas, ou encontrar outros meios de se intelectualizar.

Mais uma observação sobre culinária: na era do Ifood o método fordista pode funcionar melhor: pouca variedade = menos desperdício.

2

E nada de tentar abrir brechas no estatuto do desarmamento, todos devem saber que uma arma na mão de um brasileiro pode causar horrores. [Todos devem saber que não é preciso muito esforço em incomodar um brasileiro até o ponto de este recorrer a uma arma, se a tiver em posse] E nós votamos não às armas no plebiscito.

3

A Política deveria ser o palco civilizado (na medida do possível) de disputas a respeito de prioridades procedentes da sociedade, dar representatividade a causas e o melhor modo de administrar pelo bem estar geral. Não cabe à política incitar metade da população a afervelhar-se (desculpem o neologismo) contra a outra. Cabe ao governo prover sustentação do individuo para que se sinta digno de viver partindo de seus valores religiosos, tenha capacidade de sustentar uma família ao invés de viver desesperançoso, que sintam que a vida vale a pena para a felicidade de Deus, que tenham uma pátria pela qual nos dispomos com boa vontade a trabalhar. Se o governo usa estes slogans, e esta foi a minha principal crítica ao Jair na eleição passada, por não haver nenhum resquício de projeto administrativo que soluciona aquilo a que ninguém estava atento (problemas de manejamento concreto a serem resolvidos). Pode ser que ele tenha gerado recursos num passe de mágica (ou pior, de modo suspeito)... Mas agora ele quer que os próprios valores deem impulso ao ódio de metade da população contra a outra metade... Há duas escolhas, a terapêutica ou o massacre.

4

Com certeza o comunismo não se parece em nada com a imagem que o Jair tem dele. O contexto econômico atual: muita gente sem poder de compra. por outro lado, empresas que não conseguem vender todo estoque tendo que demitir funcionários. Políticas terapêuticas: liberar espontaneamente o FGTS. Na economia passar algum tempo sem lucros não é problema se os mais ricos já não precisam consumir mais nada e... para aqueles que tem dinheiro sobrando, estimular que ele vá ao barbeiro, conserte os dentes tortos, comprar livros, ir ao cinema, lavar o sofá, fazer um check up com o eletricista e encanador cuecas novas e limpas nunca é demais... em vez de não aproveitar os serviços habilidosos da sociedade... e claro, gerar empregos nas áreas de maior urgência (pelo menos empresas de papelão e papel pardo para que nunca falte em encomendas feitas pra serem entregues pelos correios. e por ultimo temos a ideia quase genial do Jair de perdoar endividados da Caixa. O problema é que se isso fosse feito a 90% dos endividados... na verdade não sei o que isso causaria acrescentado a tudo que foi dito. e pelo sentimento de não entender o que está acontecendo as pessoas ficariam desorientadas. Mas foi a medida mais socialista que já vi um governo compor. Bom... tem a história da bruxa da branca de neve, Espero que nunca saibamos exatamente quantas pessoas viram nesse episódio a oportunidade de divulgar o tiro no pé mais vergonhoso da história. Não lembro qual filosofo disse que há pessoas tão ignorantes que basta abrir a própria boca para cair dentro dela... No fim das contas foi bom saber que não precisaríamos de muito esforço para deter esse sujeito. Mas agora também o problema são os seguidores dele, pessoas surdas a qualquer argumento ou raciocínio por vê-lo somente como uma grande teta que resolveu se colocar à disposição da pessoa. 01/01

I - Reflexões de um trinta e um de dezembro

Certo, acabo de ter a ideia de escrever coisas mais intuitivas sobre Política em vez de escrever mais particularmente sobre um livro de John Rawls, mas pode ser que um dia eu venha a tecer comentários sobre este, mas certamente não seria legítimo me aprofundar em qualquer livro em particular. O problema é que me tornei sintético demais, e talvez esse seja o sinal dos tempos que em algumas décadas pode lançar os cursos de humanas em precipícios. Certo. Comecemos com o entendimento do que é a síntese.

5

Por muito tempo as ditas humanidades estiveram preocupadas com justificativas quanto ao método e a abrangência de coisas e situações que podem ser acolhidas num processo ou conceito. O problema é que o leitor nunca esteve interessado no método e geralmente a simples convicção do autor é capaz de levar o leitor a aceitar tudo o que ele diz.

6

Quanto a abrangência de modos de existência das coisas. Sim, isso interessa e as gerações mais recentes estão prestes a vivenciar o uso de tecnologia da sociabilidade, muitos pensam que George Orwell foi um profeta invertido. Mas o modo que as câmeras contribuem com a segurança é inegável, porém estar exposto a toneladas de material criminalístico de jornalismo sensacionalista costuma deixar os pais neuróticos. Não ouço crianças brincando na rua e só 3 vezes em 25 anos ouvi casos em que a polícia teve que ser chamada (Uma vez inclusive era meu próprio caso, uma explosão de raiva contra José, meu pai) Enfim, sabe-se lá o que serão essas crianças, as vezes ouço jovens cantando em reuniões na frente de casas vizinhas, pois é, eles devem ter dado um jeito pra compensar a falta de liberdade na infância. Mas na verdade sabemos bem o que queremos que eles façam (aliás, esse foi o motivo da existência de toda contra cultura). São as últimas palavras de Fritz the Cat, os desenhos eram do Robert Crumb: Fodam, crianças. Fodam. Bom… o que eu pretendia dizer é que não cabe tanto julgar os meios de exposição social e comunicação, o que mais me preocupa é a vulnerabilidade das crianças. (tanto no que pode ser exposto de vergonhoso delas quanto o que elas podem acessar com facilidade). Enfim, existem meios de produzir tecnologia com esses instrumentos mas muito desta depende da divulgação das ferramentas.

7

Karl Marx não queria ser entendido a priori. A sequencia que leva do capitalismo ao socialismo e depois ao comunismo é a prova disso. É bem suspeita. Pode ser que esteja mesmo errada, e pode ser que no fim todo o resto da obra, quanto mais lemos, nos faça simplesmente querer qualquer coisa como alternativa ao capitalismo.

8

Li a última página do Capital há pouco tempo, fala do surgimento das bolsas de valores, enfim, de repente as pessoas viram que era possível lucrar com a aposta na lucratividade de certos produtos (e de algum modo que nunca entendi muito bem, reduz o valor da mercadoria) eu estava no volume 2 do livro 3 e intercalando com Shakespeare quando fiquei doente, pretendo reler. Mas reparem que qualitativamente há linguagens e lógicas inacessíveis para as pessoas e no fim isso não muda o fato de que em qualquer contrato de trabalho elas precisam estar disponíveis durante certo tempo a fazer a tarefa que lhe apetece, dizem que Marx nunca trabalhou. Se escrever O Capital não foi um trabalho… também não sei o que estou fazendo. Era pra ser algo dado pelo indivíduo a sociedade por boa vontade. E no meu caso,,, não tenho culpa também se entramos em uma era de síntese, o que poucos sabem é que tenho o sono mais caótico do mundo. Além de só ter disposição depois das 6 da tarde e já houveram episódios em que dormi mais de dois dias seguidos, com intervalos pro banheiro apenas.

9

Aprendi com Shakespeare que a monarquia é um perigo para si mesma quando envolve linhagem de sucessão, por outro lado, o livro Ricardo III não mostra quanto é indesejável o trabalho do líder supremo de Estado, meu professor de ensino médio disse que no absolutismo o trabalho do rei era analisar pilhas gigantescas de burocracia. Ser presidente atualmente… imagino que é o tipo de trabalho que assumimos sem conhecer quase nada do que há de instrumental, a respeito de tarefas… Espero que como chefe do poder moderador minha tarefa seja por exemplo mapear lugares impróprios pra habitação devido a deslizamento de terras e lugares onde pode haver alagamento, e encontrar pedidos de socorro a respeito de qualquer assunto mas acho que isso na verdade é o mínimo que os prefeitos e governadores devem assumir como tarefa.

10

Max Weber, e Simmell também, antes de terem descoberto que as sociedades afluentes (sem nenhuma tecnologia além do fogo, da cerâmica e do arco e flecha) precisam só de 4 horas de trabalho por dia e consomem em torno de 4000 calorias por dia, enfim, estes dois homens tentaram convencer sob a rubrica de ciência a ideia de que a sociedade vive sob a condição de escassez. O que tenho a dizer é que seres semelhantes aos próprios deuses podem se abrigar um pouco mais longe da beira do abismo. Na verdade a população atual nos empurrou para mais perto do abismo. 10% da população subnutrida. 10% com problemas relacionados à água… Imagino que até os rinocerontes deveriam estar mais preocupados com a situação da própria espécie. Mas estes autores não me convencem. Na verdade me sinto um pouco parecido com eles, no tempo em que livros estavam entre os bens mais luxuosos produzidos pela sociedade, depois de ter ultrapassado pouco mais da metade da parede de um quarto (pelo menos eu reconheço que tenho finalmente o suficiente, e quem sabe um dia possa distribuir alguns quando fundir com a coleção do Gabriolo pelo menos). Mas a questão é problemática, se os políticos assumem que devem garantir a melhoria do lugar público, e oferecer o impulsionamento mínimo pra que as pessoas consigam se virar com os próprios salários… se eles partem da ideia de escassez por que no fim das contas eles ganham tanto? Na História da América houve duas ocasiões em que os políticos fizeram a parte deles: Nos EUA era preciso lidar com a regulamentação imobiliária partindo de uma época em que a terra era barata e certos contratos garantiam que tudo a oeste de tal lugar poderia ser tratado como propriedade de um único indivíduo) as condições de um lugar pra outro não eram muito diferentes e por fim não há muito o que intervir, mas imagino que poucos entram para a política para enriquecer. O Brasil é um país heterogêneo e a qualidade da educação é extremamente baixa. Eu até apostaria na educação, mas como meio de obter coisas materiais com maior eficiência, de resto a educação gera pessoas capazes de falar com polimento, capazes de te convencer inclusive que para o futuro é melhor termos bem arquivado o modo de produzir coisas pouco menos complexas do que robôs do que estudar meios de os robôs voarem por conta própria e assim se tornarem mais complexos do que já são) Na verdade eu acredito que a educação deve se focar em conservar o manual de instrução do que já produzimos. Mas voltando ao problema da escassez, tudo seria muito mais fácil se não estivéssemos nos condicionando geração após geração a ganhar mais dinheiro.

11

Marx teorizou sobre o dinheiro, mas poucos profetas no mundo seriam otimistas o suficiente pra dizer que um dia este seria abolido. O dinheiro é a base de certa liberdade, é também uma mercadoria, aquela que compara em quantidade coisas de qualidade diferente. Mas imagino que o shift apocalíptico coloca em cheque não a instituição dinheiro na totalidade, mas, como a época que Nietzsche ao falar das 3 metamorfoses do homem, no começo do Zaratustra, chama da fase da criança, aquela capaz de dizer eu sou. Não mais um leão que imagina ter força infinita e logo sua vontade também é infinita. Mas o pior da nossa época é termos dado uma brecha pra que o parâmetro de escolha de um trabalho tenha passado a ser o gosto e não a necessidade. Pode ser que pessoas que saibam o que são trabalhem só o suficiente pra ficar medianamente cansadas, e cheguem a perceber que não precisam de nada além de roupa comida e roupa lavada.

12

Se o consumo decresce e a produção tem condições de manter-se constante, tudo estaria bem, se não houvesse uma mercadoria muito mais necessária do que as outras, o alimento, simplificando. Com a diminuição da demanda de qualquer produto, não há mudança nenhuma quanto a demanda por alimento. Sei dar diagnósticos sobre economia, mas pouco entendo de causa e efeito nesta. Lojas estão abarrotadas de produtos em decorrência de gerações após gerações que alimentaram a ideia de que devemos trabalhar o máximo que o corpo aguenta. O decrescimento na economia não é um problema sério, em certos níveis poderia levar à bancarrota somente gerações muito distantes, o importante é que nada seja feito como em estado de emergência, que no passado causou hiperinflações e queima de safras de alimentos. Já disse que o dinheiro nos dá liberdade pra consumir coisas heterogêneas, mas a falta dele é a origem de uma tragédia enorme. Aqueles que o inventaram para benefício próprio, o Estado que solucione a questão, pode ser gerando empregos que não servem pra nada, pois um cidadão assalariado é um bem valioso capaz de tirar muita gente da crise com aquilo que consome. E na verdade é meio urgente resgatar da pobreza aqueles cujo salário mal pagam o alimento. Pra quem sabe um dia possam consertar o violão herdado do avô ou a TV. Mas a ideia de impor uma quantidade elevada de trabalho como padrão é perigoso quando já não há perspectiva de lucro, pois justamente poderia incorporar um nível de qualidade acima daquele que o pobre homem que só quer trocar as cordas do violão herdado pelo avô espera ou teria condição de obter.

13

Por que um político custa tão caro, aliás, todos que lidam com informações cruciais menos os professores, digo, pessoas da TV por exemplo? Porque os gastos com proteção são elevados, e maiores em países pobres. Faz sentido.

14

Li recentemente na internet: Países desenvolvidos produzem riquezas, países pobres subdesenvolvidos produzem ricos.

15

Quando nos desafiamos a ser alguma coisa devemos levar em conta o que estamos dispostos a sofrer e perder em consequência disso. Tenho um amigo que criou uma afinação de violão que facilita tocar musicas parecida com the end do doors. E é fácil. Ele tem medo de ficar famoso. Ele me pergunta como eu aguento minha castidade involuntária. E acho que nunca respondi: Porque acredito estar prestes a me tornar o que eu realmente sou.

16

Antônio era usuário de crack. Um dia perguntei a ele num jogo social da clínica: Qual o sentido da vida? Ele respondeu: viver dignamente. Atualmente estou lendo A vida dos doze Cesares. A perfídia daqueles que foram os primeiros governantes da humanidade causa arrepio. Vi em algum lugar que a vida dos santos é cheia de acontecimentos fantásticos, enquanto dos políticos, todas parecem a mesma Imagino que a dignidade é uma medida sobre a qual as pessoas se empoleiram. Que aqueles cidadãos que produziram o que há de mais importante... Por um acidente seus descendentes imaginaram herdar a habilidade dos seus ancestrais, e rogaram a si meios de se defender da sociedade, quando não podiam fazer nada com as mãos. Não acredito na total hereditariedade, acredito que o homem mais burro pode nascer do mais inteligente. E o mais inteligente pode se tornar tão burro quanto o mais burro se não exercitar o intelecto. Enfim, se viver em função de receber honrarias e reconhecimento dos outros a respeito do seu trabalho, não duvido, quando tem um valor super estimado, atualmente só o resultado nas urnas determina o valor de um político, no fim das contas alguém precisa cuidar do lugar público de qualquer jeito. Que se sinta mais digno o engenheiro do que o bom orador, por intuição me dei conta que a história antiga era um rascunho, e isso significa que não havia freio pra honra, e fazia-se a carnificina. Ao mesmo tempo aqueles que recomendavam a moderação, vasculhavam o que era justo, alguns foram sacrificados no meio de ladrões, ou diante dos próprios acusadores. E quanto a minha dignidade? Meu pai encontrou no jornal de Araxá uma árvore genealógica que terminava em mim (sim, eu era o mais novo). Esta mostrava que tenho um tataravô em comum com um ex-presidente do Brasil. Minha família do lado japonês… Um tio resolveu escrever a biografia do meu bisavô e quando li pensei que aquilo só interessava à própria família. Enfim, não tem muitos fracassados na minha família na verdade. Na verdade também a grande maioria teve poucos ou nenhum filho dos dois lados. Não sei quase nada sobre minha dignidade, só lamento ter ferido algo mais do que o orgulho de outra pessoa, mas qual criança nunca brigou na vida?

17

Certo… ainda tenho que admitir que houve algo impressionante entre os ensinamentos de Jesus. Lembro que está em Mateus. O agricultor foi à praça da cidade assim que acordou e solicitou o trabalho de alguns homens que se encontravam sem fazer nada na praça do vilarejo, estes fariam o trabalho da colheita. Ao meio dia, Voltou à praça pra fazer a mesma coisa, solicitar o trabalho de quem estivesse disponível pra trabalhar na colheita em suas terras. E assim foi às duas da tarde, às 3, às 4. Até o anoitecer. Então ele voltou pra suas terras pra pagar o serviço de cada um. Mas pra surpresa de todos, os que começaram a trabalhar de manhã ganhou o mesmo salário que aquele que começou algumas horas depois, inclusive os últimos. Para a inquietação da Igreja, que achou que Jesus, o inquestionável, falava da natural injustiça mundana, tal inquietação era justamente porque Jesus dizia estar descrevendo o reino dos céus. Mas vejamos a situação: Cada um começou em determinada hora, mas o produto do trabalho de todos era um só montante. Vejamos a evolução da história do enriquecimento e essa parábola fará mais sentido. Uma casa pode abrigar 3 gerações de pessoas antes de desabar. Isso é só um exemplo, a história é a acumulação de trabalho que pode ser aproveitado mesmo por gerações posteriores. A qualidade de vida e das mercadorias de gerações passadas eram em geral piores do que as atuais, E isso não significa que as gerações passadas trabalhavam menos. O triste dessa história é que na verdade os que nasceram no século II trabalharam o mesmo tanto que as pessoas do final do século XX, mas nunca usufruíram de coisas tão sofisticadas.

18

Alarme aos países detentores de bombas nucleares: testes nucleares são tão venenosos à atmosfera e à água dos oceanos quanto se fossem lançadas contra cidades.

19

O erro de Platão. Platão foi entre os gregos o inventor da farsa do bem e do mal. Pode ser que em uma sociedade em que todos trabalham pra produzir o benefício público... as pessoas repartiriam de modo justo. Bom, eu acredito na utopia voluntarista da música do Jefferson Airplane, mas os transtornos causados por aqueles que vivem em função de honra poderia impedir isso, mas imagino que para o bom convívio da sociedade dos últimos homens seria interessante a tentativa da utopia voluntarista. Na verdade acredito que a política não deve lutar pelo que é justo, pois mesmo a determinação da justiça pode ser incriminada como o privilégio dos que foram bem sucedidos de modo honesto ou não. Se um povo escolhe um governo pelo benefício de pessoas de boa vontade reina a paz. Se o governo é só um modo de um grupo de pessoas se sentirem honradas. O melhor que podemos esperar é que os maus eliminem outros maus. Parece que, além disso, sempre que há 2 lados com ideias parecidas, as vezes até com confusão de nomenclatura sobre o que cada lado representa, cada um acolhe parte de uma contradição. E razão alguma se estabelece quando as duas metades só defendem um partido levando em consideração o benefício próprio.

20

A Justiça segundo Platão consiste em dar ao justo o que é justo. A teoria política moderna, não me lembro a partir de quem, algo que até parece simétrico a isso. Diz a teoria que o Estado detém o monopólio do uso da violência. O que a justiça tem a ver com isso? A justiça torna-se os parâmetros do que deve ser punido no interior da sociedade, uma vingança institucionalizada, mais de uma vez alguém pode ter se convencido de que queimar as provas que incriminam o inimigo poderia terminar sem tragédia, ou recorrer à justiça seria mais caro do que aceitar o golpe de uma cobrança indevida. Pior ainda, o luxo que os políticos ostentam, o quanto eles recebem de salário… é injusto tanto na justiça que dá ao justo o que é justo como na visão que coloca a justiça como aquela única que tem direito de punir a violência de todo cidadão. A institucionalização do salário dos políticos é um ato de violência que deve ser punido a todo custo.

Perguntas.

Meu irmão sugeriu que eu fizesse uma sessão de perguntas e respostas. No fim só ele perguntou.

A democracia é o modelo ideal sob qualquer circunstância? Por que pessoas que são contra ditaduras estão endeusando candidatos?

Certo, já preparei um programa de leitura. Pensei em incluir o livro Capitalismo, Socialismo e Democracia de Schumpeter. Mas parece ser simples os modos de combinar entre si cada um dos regimes políticos.

O capitalismo associado a democracia é o sistema em que a maioria do mundo está vivendo. A democracia atrelada a liberdade. Indivíduos com capacidades diferentes podem escolher o que fazer. Os capitalismo porém premia o mérito e é capaz de gerar, e não impõe limite à renda do indivíduo. O resultado é evidente, elevadíssimos índices de desigualdade. A formalização dos meios de trabalho é um problema também. Os únicos tópicos que a lei trabalhista tem obrigação de focar-se são as questões de higiene e trabalho escravo. O trabalho útil é flexível demais, não deveriam nem existir leis que impedem a venda por conta própria nos corredores dos shoppings e se tiver, que seja formalizado gratuitamente.

O socialismo atrelado à democracia faz-se necessário num momento de crise em que todos conhecem a situação econômica, e quando dois candidatos fortes se enfrentam, um deles com visão provavelmente equivocada, isso não muda a situação econômico que o candidato terá que defrontar. Nas ultimas eleições no Brasil aconteceu que o candidato que lançou programas de auxílio emergencial, distribuído a torto e a direito, pretendia exonerar 90% da dívida de um banco estadual. Ora, nunca vi medida mais socialista, e provavelmente ele tinha outras políticas, o problema foi ele ter insultado o comunismo quando na verdade ele poderia ter sido o maior comunista da história. O candidato vencedor era moderado, mas tem uma relação mais emotiva com a pobreza. Duvido muito que ele tenha sido corrupto mas no meio político não dá pra vigiar 24 horas por dia se os que estão em volta estão praticando corrupção.

Enfim, a democracia socialista, possivelmente não excluiria a liberdade como um valor nobre, a grande questão é que os candidatos encontrem o mesmo problema e a análise para a escolha do voto se basearia na capacidade de analisar qual candidato tem as melhores estratégias de comando para que as coisas não afundem. Certamente não se poderia abolir o dinheiro. Bom, antigamente parece que as pessoas acreditavam que o socialismo era um prato feito de modo de controle e um repressor política, mas há muitas maneiras de resolver os problemas da desigualdade. Por outro lado muitos criticam o governo chinês. Muitos condenam a China pela falta de liberdade de expressão. O problema é que são muitas pessoas pra organizar um governo democrático e quem em 1 bilhão seria capaz de provar pra todo o país que o estado meritocrático não funciona. O PIB aumentando a uma taxa de uns 10% ao ano. O melhor sistema ferroviário do mundo. Sim, é uma ditadura. Por outro lado a vizinha Coreia do Norte é uma ditadura cruel. Em geral as ditaduras socialistas foram cruéis, mas o interessante é que podemos basear nosso voto na democracia socialista, se não somos capazes de julgar propostas, que seja julgado o autoritarismo dos candidatos.

Sobre a ditadura, imagino que ditadores se elevam em momentos de incerteza, geralmente tem um alto teor de moralidade em seu planejamento, algo que nenhum político deveria fazer pois colocaria as pessoas da sociedade civil umas contra as outras, numa situação em que não há como refrear a violência no pior dos casos. Em uma sociedade que preza pela liberdade, a única moral que deve ser imposta tem um teor de negação (dos valores destrutivos, ou seja, o terrorismo). Político nenhum deveria sugerir uma moral a sociedade, pelo menos a atual, pois não tem controle sobre os atos destrutivos que os seguidores dessa moral recomendada podem praticar em defesa de tal moral.

Certo, isso foi só uma amostra do que consegui organizar em pensamento, em janeiro costumo ser mais ansioso, apesar de a explicação ser astrológica acho que faz todo sentido, 1 mês antes do aniversário é o chamado período de inferno astral, a maioria das pessoas ficam mais perturbadas e ansiosas 1 mês antes do aniversário, então acho melhor ler o que resta ser lido por diversão (estou lendo Sonhos elétricos do Philip K. Dick e percebi que em textos curtos ele parece bem mais entusiasmante que em romances ou na exégese, Os doze Cesares já comentei… A vida como ela é do Nelson Rodrigues, depois pretendo ler Contos de 10 mundos do Arthur C. Clarke… 1985 do Anthony Burgess… Gosto de texto sobre realidades alternativas em forma de romance. Por fim tem um livro que encontrei citado pelo Philip K. Dick na Exegese, Manhã dos mágicos, o autor se chama Bergier, é sobre o messianismo na década de 60, pensei em ler também um sobre o velho oeste, o autor é Dee Brown, mas um sinal no livro me fez pensar que teria ido longe demais pra umas férias literária). Até Breve.

Poder

1. A sociedade é um ecossistema frágil. Confunda as pessoas com as mentiras certas e elas ficarão cegas para a loucura bem diante dos seus olhos.

Aleatórios

1. Seria a Política uma forma de os fracos tentarem exercer poder sobre os fortes? E daí surgiria o incomodo daqueles que sentem estar sendo governados por pessoas menos inteligentes do que si próprios, e os governantes são pessoas que apenas sabem fazer bom uso da retórica? A política serve para formalizar regras para pessoas capazes de circular com independência nos trilhos da auto suficiência mas não muito conscientes da própria força? Provavelmente não, a auto independência deve ser conquistada a custo de uma longa espera pra que a sociedade não se escandalize com ideias ainda sem trilhos que conduzem a tais ideias. Pode ser que a política seja um reforço à proteção dos portadores de tais ideias.

2. Uma vez um professor disse: uma sociedade sem governo seria impossível, mas acho que há

outro termo mais adequado: o convívio social torna, em certo momento, inevitável o surgimento de uma esfera política.

3. Certo, o livro manhã dos mágicos já me convenceu (estou na pag. 70) de que deveria ser leitura obrigatória pra todos os cursos de humanidades. No último episódio ele fala sobre cripto governo, o governo das cifras, que determinam quantidades de trabalho em setores para o bem público. Outro dia sonhei que como candidato a presidente eu teria que saber como dessalinizar a água do mar em todas as etapas se quisesse colocar meu projeto de fabricação de chuva em prática, e antes que alguém questione pra que fabricar chuva, gostaria de lembrar que o essencial seria a criação de poder de compra pra um grande número de pessoas. Certo, pode ser mais útil a ampliação da malha ferroviária. Mas o que o sonho sobre a dessalinização deixa evidente é que propostas em si devem lidar com todas as consequências, e não devemos correr afobados em direção ao pote de ouro, como o Jair fez literalmente, com o projeto de mineração da amazônia, que no fim das contas causou a disseminação da malária na região. Confesso que eu também não sabia dessa. A manhã dos mágicos fala que a Civilização é uma conspiração. Foucault dizia sobre biopolítica, mas pelo que eu me lembro esse conceito abarca principalmente a dimensão ética do governo. Poucos sabem como se comportam os agentes da conspiração. Trata-se do domínio e administração do saber, mas Foucault se limita a falar desse saber como sendo aquele aplicado ao corpo. A manhã dos mágicos fala mais especificamente sobre outros saberes essenciais a vida, como obter cimento

da natureza por exemplo. Sim, é necessário preservar esse tipo de conhecimento. Os que conhecem o funcionamento, é dito no livro, são preguiçosos demais pra solucionar a conspiração. Em outra parte é dito que quando as regras mudarem, imagino que não seja uma mera mudança de fontes de saber, mas a regra invertida, quando todo trabalhador tiver essencialmente o mesmo valor, é que os verdadeiros milagres irão acontecer.

4. A consciência é o maior poder de motivação do homem.

5. Projeto feriado eletivo: Daria ao cidadão, em caso de cansaço extremo, o direito de um feriado à própria escolha, podendo ser de quarta-feira a domingo ou de sábado até quarta-feira, uma vez por ano.

6. Vocês viram que o sol deu a luz a um novo planeta? Convenci a Nasa a lançar um projeto de explosão de Saturno. Jair resolveu garimpar a Amazônia. O garimpo contaminou as águas de terras indigenas. Me dei conta recentemente que Saturno iluminaria demais o céu da noite fazendo com que nunca haja escuridão suficiente para os animais selvagens se sentirem seguros pra dormir. Moral da história, grandes poderes, grandes responsabilidades, Assuntos políticos grandes exigem uma perícia elevadíssima.

7. sobre a politica de identidade: é um novo ramo da discussão política. O que o governo pode fazer em relação à demanda moral da sociedade? E o que tem feito? Negros: há muitos termos que eles consideram ofensivo muitas pessoas se sentem constrangidas por não

saberem exatamente como chamá-los. Nas ciências humanas o termo usado é negro. Uma vez quando eu tive uma crise de ansiedade disse ao meu pai pra chamar um enfermeiro que já tinha passado pelo quarto em que eu estava. Meu pai perguntou quem você quer que eu chame. Respondi: O enfermeiro negro. Meu pai disse que eu estava sendo racista. Mas foi mais respeitoso do que o senso comum admite: dizem com cara de constrangimento: você sabe... o moreno. Mesmo que quase nenhum professor universitário seja negro, estes simplesmente possuem um tipo de inteligência que não tem lugar na nossa sociedade (combinado com séculos de escravidão). A capacidade de contar histórias e mitos é surpreendente. Se sou a favor de cotas? Cotas são um degrau de confiança de que o negro é capaz de melhorar de vida. Homossexuais: (não sou eu quem disse isso, está num livro): elite fingindo-se de oprimido. Se vocês já tem um lugar onde encontrar outros iguais a vocês, tem fala dissuasiva que até parece desconhecer o instinto de sobrevivência e as pessoas reagirem de mau humor, elas não tem culpa. Homossexuais que não falam de modo afetado costumam ser pessoas incríveis. Mulheres: Lei Maria da Penha. Delegacia da mulher. O primeiro "não" deveria ser o suficiente para o homem desistir. Se a mulher cede no segundo deve ser uma situação constrangedora. Mulheres, suspeitem da possibilidade de armadilhas. Sobre as drogas já expressei minha opinião, o que posso acrescentar é que atualmente me pergunto como uma droga que te deixa distraído a respeito do que acontece em volta pode ser tão atraente? O problema é que quando você sente o efeito durar um segundo você começa a ter abstinência de morfina.

Certo. Em pleno século XXI ainda se fala em criminalização das drogas e da apologia, ainda tem-se notícias de pessoas detidas por plantar em casa… Certa vez disse que não me incomodo por ter comprado drogas. Na verdade me incomodo por ter financiado o poder de coerção paralelo ao estado. Já disse por que defendo a legalização do LSD, é uma substância que possui uma variante que, se vendida livremente, pode causar danos pra vida toda de uma pessoa. Mas que fique bem claro que usar mais de uma vez depois de ter o primeiro impacto é burrice. Acredito mesmo que o LSD cause um upgrade de inteligencia, mas tudo que é avançado demais costuma preocupar as pessoas. Soube Recentemente que o álcool é taxado a 80%. Acredito que nenhuma bebida alcoólica forte deveria ser vendida por menos de 40 reais o litro, pra ser sincero acredito que o álcool é a droga que mais destrói vidas. Pra infelicidade dos usuários de maconha também acho que esta deveria custar mais caro, mas isso é problema do poder paralelo.

8. sete de fevereiro de 2023, meu ouvido me deu um alerta de que meu coração não vai bem. Tenho uma fileira inteira de livros que tem a ver com política. Tinha uma ordem, começar com o começo conjectural da história de Kant e terminar em a paz perpetua. Ambos são textos curtos. Sobre a origem do estado, pensei principalmente em 2 livros. A sociedade contra o Estado de Clastres, um antropólogo, a sociedade tentando evitar que o Estado se forme, geralmente o homem mais inteligente e trabalhador de uma sociedade é o mais excluído (eu diria que senti isso na pele apesar de não saber se na época eu era a pessoa mais inteligente, talvez eu fosse a pessoa de mais

boa vontade), desconfio que as primeiras pessoas que conseguiram exercer autoridade sobre as outras foram aquelas que souberam onde esconder as armas letais, e com estas iniciou-se o trabalho de separar brigas, e tomar partido de um dos lados que parecesse melhor demonstrar o erro do opositor. Se não me engano Platão dizia que o governo era o provedor da justiça particular, para que a pessoa recebesse o que era merecido, que o sujeito que sequer produziu arte e só sabia falar o que as coisas são ou podem ser, lembro que as pessoas da faculdade diziam que a filosofia não existia. A questão é: aquele que apenas registrou no papel o que as coisas são ou podem ser… seria legitimo que ele vivesse em sociedade e usufruísse do fruto do trabalho dos outros? Alguém disse a Platão: experimente fazer música (que significa ode as musas) mas em geral acredito que muitos filósofos não são muito exigentes quanto ao esforço da sociedade. e o livro A origem da família, da propriedade privada e do estado do Engels. Aristóteles falava dos diferentes tipos de governo e a forma deturpada. A democracia se torna zombaria quando os eleitores são ignorantes. O avanço que consegui dar à ideia de democracia já foi dito nesse livro, a mudança do foco, o governo disposto a solucionar as desigualdades em vez de intervir na liberdade. Muito da discussão sobre o ideal das leis parecem estar lidando com um mundo irreal. A questão que ainda está em falta… eu mesmo não entendo: a guerra. Deve haver um meio de canalizar as coisas em proveito de todas as partes. A dominação segundo Foucault tem a ver com o domínio do saber. Mas na verdade sinto que é melhor não descrever o que leva as pessoas a fazer guerra porque no fim alguém pode se sentir no direito a começar uma guerra. Talvez depois que eu ler Quincas Borba de Machado de Assis e 1985 de Anthony Burgess, algo se clarifique mas… Sim, mais um alerta aos brasileiros, não pensem que 1984 e revolução dos bichos são os únicos livros a abrir os olhos das pessoas. Na verdade ignorar qualquer complemento é também uma forma de estar inconsciente da condição humana. Eu adicionaria dois livros para que as pessoas entendam o mundo em que vivem, gênios da área de humanidades são aqueles que são capazes de mudar o comportamento das pessoas. Por isso respeito Marx e Nietzsche tanto quanto Jesus. Meu mundo já se pareceu mais feliz por interpretação de duas parábolas. E na verdade foi a interpretação engraçada num dos casos. Mas… primeiro o niilismo de Nietzsche combinado com vontade de poder… é o espirito do seculo XX no que ele teve de ruim enquanto era em preto e branco, e a ideia de nada sugere que os temas a ser abordados na arte estavam totalmente em aberto e com os melhores instrumentos para serem experimentados. O 18 Brumário de Luís Bonaparte, escrito por Marx, um livro quase jornalistico é o que melhor demonstra a honestidade e necessidade do socialismo. Bom… tem o Piano Mecânico do Kurt Vonnegutt, pareceu uma versão futurística do Germinal do Zola. Tenho passado muito tempo orientando pessoas a fazer coisas, em torno de 10 horas por semana tentando aprender alguma coisa, isso não está rendendo dinheiro, quando eu terminar de traduzir esse livro acho que vou me oferecer pra trabalhar numa escola, lendo um livro do rei Artur (Parsival) em inglês com a esperança de que as crianças não tenham muitas duvidas de vocabulário.

9. Há um fato interessante na técnica de produção humana. Antes da revolução industrial um tapete levava em torno de uma semana pra ser feito. (geralmente as mulheres faziam esse tipo de trabalho pra adornar a casa). Não sei quanto a blusas mas deve ser algo parecido. Pagando um salário mínimo mais taxa de lucro, matéria prima… alguém pagaria 400 reais por um tapete de entrelaçamento meio rústico ou uma blusa de lã? Não estou encontrando o texto em que falo sobre custo de upgrade. Aliás, espero que ninguém fique escandalizado com os fatos apresentados neste tópico. Custo de upgrade é igual no jogo de estratégia de videogame, na verdade um pouco diferente. Investimentos de 15 mil reais são suficientes pra pagar menos do que o salário anual da pessoa que cuida do cafezinho (a pessoa mais importante da empresa). Bom, certas tecnologias de start up devem receber investimento (empresas do tamanho de super mercados que produzem coisas como o olho bionico e plástico a partir da mandioca). O custo de upgrade é bem mais alto, mas implica no mínimo a substituição de uma máquina até o preço pra abrir um novo lugar de trabalho. Em geral investimentos barateiam o produto, mas mais importante é produzir consumidores das coisas certas, o único problema é que os trabalhos mais necessários estão relacionados a esfera pública. Crie vergonha na cara exército de pessoas com 20 tatuagens no corpo. Todo o trabalho de centenas de tatuadores poderiam ter sido convertidos em moradia para muita gente. 15 reais por dia em drogas, poderiam ser usados pra alimentar uma pessoa por dia. Uma cidade pobre com duas ruas inteiras que vendem guitarras elétricas e acessórios caros… há algo errado nisso. Se você nunca aprendeu a

tocar o instrumento que comprou, doe-o, e se não é para formar uma banda, prefira a flauta doce, a escaleta. Apesar de ter que ir ao trabalho com terno e gravata você não carrega nada de valor? Use o transporte público, esconda os documentos num compartimento atrás do terno e encha a maleta de maçãs, mas 3 carros são tão caros quanto uma casa. Vicios privados fazem o dinheiro circular. Essa é a parábola das abelhas. Eu acrescentaria que a virtude altruísta de prover o necessário aos outros, pagos pelo estado, pode eliminar muito esgoto a céu aberto.

Hoje é 7 de fevereiro. Dia 20 a humanidade terá que provar que ainda acredita em si mesma. 1 ano de guerra na Ucrânia, Governei o mundo por um dia, e por coincidência foi no aniversário da moça da faculdade. Mostrei pra inteligentsia como evitar um mutually assured distruction, mas eles não seguiram a risca minha orientação. O mundo parecerá perigoso porque Deus, eu cheguei nos cálculos, 2 informações: a galaxia é o macrocosmo de uma alma. Pedro em um apócrifo dizia que 1 dia terrestre é 1000 anos no universo, com essa informação, não me lembro se considerei que o mundo tinha 12 ou 13 eras. Cheguei na idade do universo. E quanto tempo essa galáxia tem pra cada indivíduo, 39,965% coincide com o tempo que temos de sono 7 horas e 59 minutos. Os 0,01% é a chance de um sujeito justo morrer amargurado. Geralmente as pessoas vão felizes pro outro lado, no pior dos casos assustadas. assim como Sodoma não teria sido destruida se lá houvesse um único homem justo. Felicidade é o que faz a vida valer a pena, faz as pessoas sentirem ter encontrado algo melhor do que não existir. Antigamente parecia exagero uma frase de um autor que eu não li. O Nicollas me mostrou. Nós brigamos. Pedi pra ele me trazer 2 saquinhos de chá depois de ouvir a pulsação acelerar e ele disse que era bichisse. Pelo menos ele me ensinou algo importante: No Brasil as pessoas não consideram piada como coisa inocente, se você conta uma piada do tipo da do lepolepo (uma musica da moda recente.) a piada é: muitos homens já devem ter se dado bem graças a música do lepolepo. Imagina um cara chegando numa guria dizendo: e aí, vamos fazer um lepolepo? A guria responde, tudo bem, mas quem vai tirar a gente do telhado depois? Sempre achei que esse tipo de piada era um modo suave de se aproximar, mas não, o Nicollas me disse que no Brasil as pessoas ficam horrorizadas com esse tipo de piada achando que você é um pervertido. Dia 25 o Zé vai operar da Hernia e talvez nos tornemos uma casa de 3 cadeirantes (minha mãe só anda apoiando no braço do meu pai). Tenho fé que meus livros serão lidos pelos últimos homens. Costumo sonhar com O Abençoado manesinho como um talismã nos meus sonhos. Ouvi dizer que a serotonina (hormônio da felicidade) não se aplica aos sonhos, mas tenho tido sonhos bons, felizes. Estar acordado é uma tristeza sublime, acredito que sou capaz de morrer nesse estado. Mesmo a tristeza pode ser bela. O mito de Apolo e Daphne do Metamorfoses de Ovídio tem o tipo de beleza petrificante, que tanto admiro na música da Sandy Denny, as vezes sinto que gosto mais do mundo android alienígena e temo que seja um grande mal gosto quererem ir pra Marte quando da Lua podemos ver a fonte de todos os nossos problemas tão longe, se sentindo leve... Pelo menos não é um estado de tensão, o que imagino ser a passagem pro outro lado. Hoje aconteceu uma piada depois do almoço. Meu pai estava lavando a louça e começou a andar de costa pra voltar pra desviar da mesa atras da pia. Ele quase tropeçou em mim quando eu estava bebendo água. Eu disse: Pô Zé ce tem que ter cuidado ao andar de costas, já pensou se eu fosse o Arnaldo (O Arnaldo é o pedreiro que construiu minha casa, ele é amigo do meu pai e tinha nos visitado de manhã porque o Zé cismou que minha cadeira de rodas estava com problema.). Enfim, o livro diário escolar de pedra homem tem uma situação engraçada sobre beber água e suicídio. Esse livro foi o centro de uma das minhas crises. Recentemente descobri que a internet é um ótimo acessório pra saber como resolver problemas, como alimentos perigosos (venenosos) de se comer cru (passei por isso nos dias mais malucos da minha vida, e descobri na internet), como afastar baratas. E da última vez consultei quais alimentos são bons pro coração. Por sorte tinha maçã na geladeira.

27 de março de 2023

O cosplay foi uma forma saudável de se sentir livre dentro da sociedade. As vezes eu saía de pijama na rua em São Paulo. Ninguém teve fé neles, pouco se via nas ruas, pessoas com as fantasias coloridas, que não eram nada ameaçadoras. Quem entre os adultos demonstrou fé naquela juventude? Quem saiu pelo menos uma vez na rua fantasiado? Agora que os jovens resolveram sair na rua fantasiados de palhaço, todos estão escandalizados. Me parece a repetição do punk e do hippie, só que antigamente o extravasamento não era tão extremo porque eles ainda tinham instinto de reprodução e sociabilidade, mas palhaços não costumam ser convidativos pra qualquer forma de sociabilidade. Vai lá mostrar que tem fé neles. Quando tive um moicano uma vez no metrô um homem ao sair do vagão virou-se pra mim, uniu as mãos como em prece e baixou a cabeça. Quem seria capaz de dizer a um palhaço assustador algo como: ei jovem, tire essa roupa e vai conversar com uma guria meio feinha, você tem chance. Vocês que negligenciaram o cosplay, agora aguentem os novos monstrinhos (freaks).

O homem não é senhor da própria morte. Não queria terminar esta trilogia com a palavra morte, alguns podem ficar excitados por   isso.
E quanto a futuro? Já que o mundo não vai acabar amanhã, quais são seus planos para o futuro? Seja gentil com as pessoas.
30 de março de 2023.

IV

IMAGENS

PERDIÓ PARADIGMA!

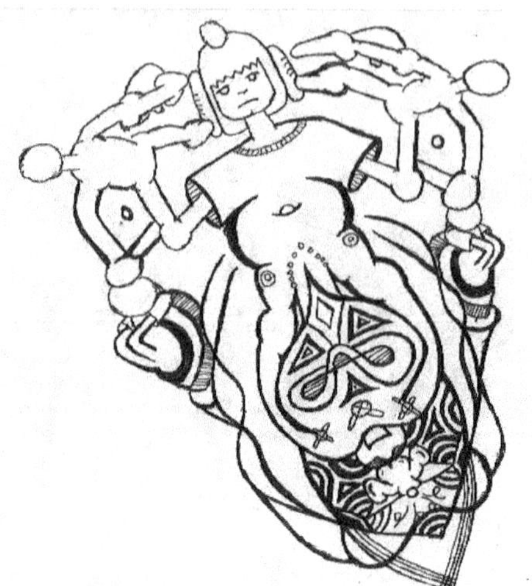

EU GOSTO DE CAFÉ.
THE BLUE BUS is CALLING US.
OH! FISHY-FISHY! FISHY! FISH!
FODA-SE!
JAPONÊS - 08/01/10

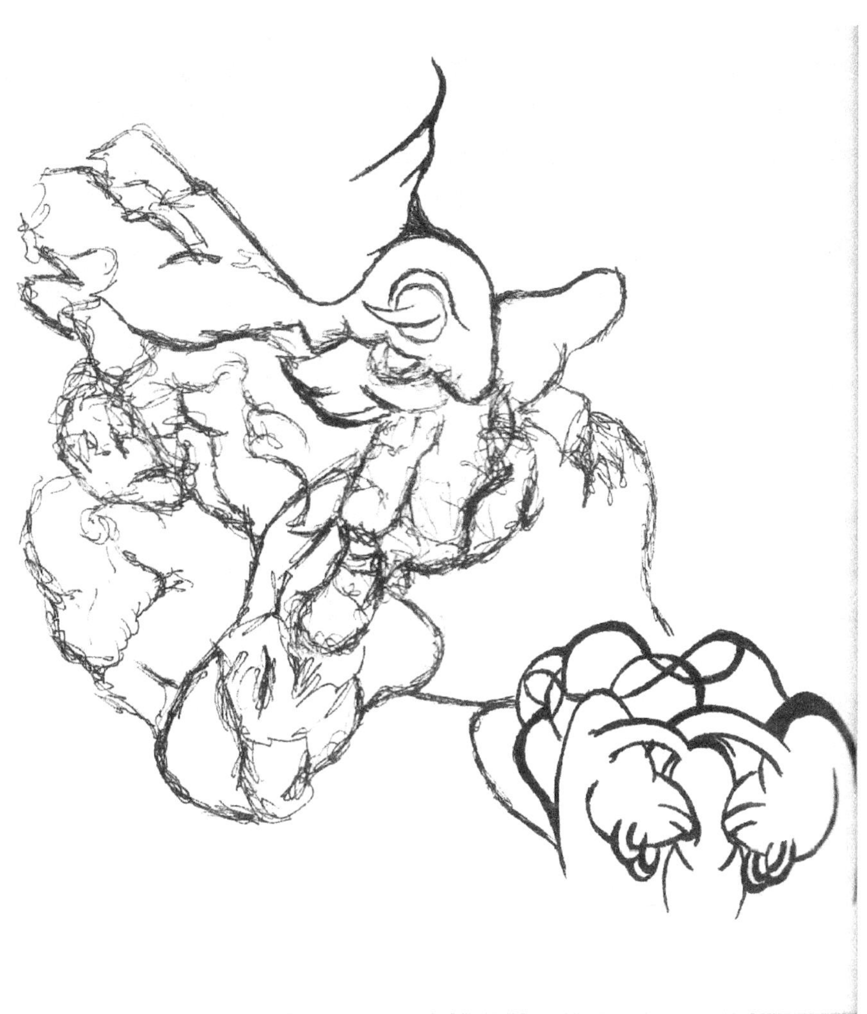

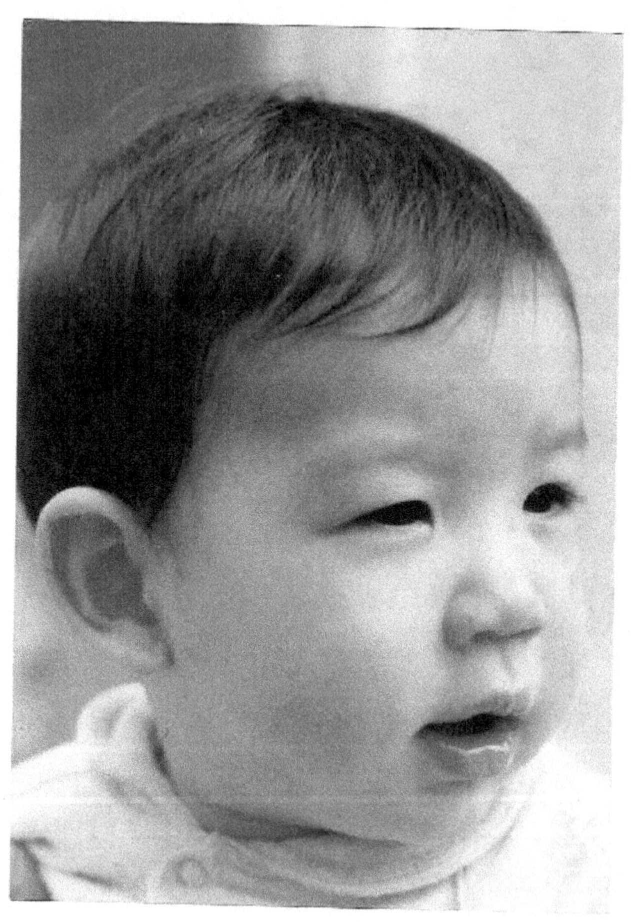

Sumário: